Thomas Pluch

Der Aufstand

Wien im Feuerschein der ungarischen Revolution

Filmprosa

ÖBV

Österreichischer Bundesverlag · Wien

Dieses Buch ist ein Österreich-Thema aus dem Bundesverlag: Teil einer Bibliothek, in der in vielen Facetten und Aspekten ein Bild Österreichs entworfen wird, wie es war und wie es ist – in Geschichte, Politik und Wirtschaft, in Kunst, Kultur und Wissenschaft; Schicksale und Geschikke eines Landes und einzelner Persönlichkeiten von den Anfängen dieses Landes bis heute.

In Zusammenarbeit mit dem ORF

Bildnachweis: Europa Verlag, Wien: S. 117–130; Photo Milan Poupa, Wien: S. 8; Lichtbildstelle des ORF: S. 31, 32, 35,43, 53, 70, 73, 75, 79, 87, 90, 97, 105, 111, 113.

Satz: 10/11 Punkt Times
Gedruckt auf Gardapat 115 g
Druck: Wiener Verlag, Himberg
ISBN 3-215-**06229**-1

Inhaltsverzeichnis

Auf den Spuren des kalten Krieges

Das Schicksal dieses Stücks dramatisierter Zeitgeschichte ist – wenn man so will – selbst ein Stück Zeitgeschichte. Es wurde zu einem Stein des Anstoßes schon zu einer Zeit, da die Fernsehöffentlichkeit, für die es vor allem bestimmt war, noch gar nicht daran Anstoß nehmen konnte. Und dennoch gab es schon „Skandal!"-Geschrei. Insofern hat *Der Aufstand* sogar die „Skandalfilmserie" *Das Dorf an der Grenze* übertroffen, die es erst nach ihrer Ausstrahlung zu solchem Aufsehen brachte, freilich vor allem in Kärnten, wo dieses fiktive *Dorf* angesiedelt war.

Nun zu der – wie ich glaube – signifikanten Geschichte meiner dramatischen Behandlung der historischen Ereignisse im Herbst 1956: Es begann im Jahre 1984, als man in den aus produktionstechnischen Gründen weit vorausblickenden Fernsehspielabteilungen das Jahr 1986 herannahen sah. Man hätte des dazwischenliegenden „Jahres der Zeitgeschichte" 1985 als Gedächtnisstütze gar nicht bedurft, da der Kalender schon seit langem der eifrigste Ratgeber der seriösen Fernsehprogrammgestalter ist. Mit Hilfe der runden Jahreszahl schürft man Fernsehspielthemen sozusagen im Tagbau. Als die Massenmedien noch nicht einen derartigen Aktualitätenverschleiß hatten, konnte man es sich noch leisten, nur die sogenannten runden Jubiläen – fünfundzwanzig, fünfzig oder hundert Jahre – zum Anlaß für die Aktualisierung von Themen zu nehmen. Heute müssen es auch dreißig Jahre tun.

Dies allerdings ist noch nicht das Signifikante, das ich meinte. Die Auseinandersetzung mit der Zeitgeschichte ist allemal ein Verdienst, schon gar für ein Massenmedium mit der bewußtseinsbildenden Kraft des Fernsehens. Anlässe sollen gesucht werden wo immer, die löbliche Absicht bleibt unbestritten.

Mir wurde also 1984 aufgetragen, mich mit dem Ungarn-Aufstand des Jahres 1956 auseinanderzusetzen. Da ich kein gelernter, sondern nur ein angelernter Historiker bin, verband ich mit diesem historischen Datum zunächst nur sehr verschwommene Vorstellungen. Höchstens in zwei Richtungen waren sie schon konkret. In einer praktischen: Revolutionsszenen sind in ihrer filmischen Rekonstruktion so kostspielig, daß sie wohl für eine Hollywood-, nicht aber für eine ORF-Produktion in Frage kämen; und in einer inhaltlichen: Ich hatte es mit einem Stoff zu tun, der *die* Parabel über Theorie und Praxis des Weltkommunismus gleichsam im Bauchladen vor sich hertrug. Hier zuzugreifen, schien mir sofort lohnenswert.

Mein erstes Problem bestand darin, die eine Vorstellung mit der anderen in Einklang zu bringen – was ganz und gar unmöglich erschien. Wie beschreibt man die Praxis der kommunistisch-imperialistischen Unterdrückung eines Volkes, ohne die symbolträchtigsten Instrumente dieser Unterdrückung, die Sowjetpanzer, zu Hunderten durch die Straßen von Budapest und auch über Menschenleiber rollen zu lassen? Panzerkommunismus ohne Panzer – da bleibt ein Papiertiger übrig, und der ist wirklich nicht das Wappentier der Herren im Kreml.

Rechtzeitig, bevor ich mich entschloß, den Auftrag zurückzulegen, erinnerte ich mich einer Mode des Dokumentarspielgewerbes, die ich selbst mitgemacht hatte und die darin besteht, Ereignisse nur durch die Schatten, die sie werfen, darzustellen. Oft sind die durch die historischen Begebenheiten erzeugten Schattenspiele als Parabel einleuchtender als die Begebenheiten selbst. In den Schatten treten die Konturen stärker hervor. Auf den Hauptschauplätzen der Geschichte steht einem überall das Pathos im Wege, wenn man auf der Suche nach dem Einzelschicksal ist. Nur aus der Perspektive des Einzelschicksals geht uns Geschichte aber überhaupt etwas an. Im großen Bauch der Statistik, so schrecklich ihre Zahlen über Kriegsnot, Massenmord oder Ausbeutung auch sein mögen, wird alle Geschichte früher oder später – bisweilen sehr früh, wie wir nach Hitler und Stalin erfahren haben – verdaut und aus dem öffentlichen und individuellen Bewußtsein ausgeschieden.

Wenn man aber schon die langen Schatten der ungarischen

Gruppenbild mit Dame: Regisseur Peter Patzak, Joachim Bissmeier, der Darsteller des Ernstl Bach, Monica Bleibtreu, die Dora Bach des Films, und Drehbuchautor Thomas Pluch, der sich in der Episodenrolle eines Straßenbahnpassagiers auf Zelluloid verewigen durfte

Revolution gegen die sowjetischen Besatzer verfolgt, warum dann nicht gleich bis nach Wien? Tatsächlich war Wien im Herbst 1956 einer der drei neuralgischen Punkte der wieder einmal höchst empfindlich und instabil gewordenen Weltlage. Der dritte war der Suezkanal, wo die Engländer ausgerechnet in den Tagen des Ungarnaufstandes versuchten, die Enteignung dieser wichtigen Wasserstraße durch Ägypten mit Waffengewalt rückgängig zu machen.
Wien war das Pulverfaß, das sozusagen in Reserve bereit stand. Die Lunte war jedenfalls bereits gelegt, um den Zündfunken von Ungarn nach Österreich überspringen zu lassen. Und gezündelt wurde ebenfalls schon eifrig.
Bevor ich die Zündler nenne, einige Worte zur Situation Österreichs zu diesem kritischen Zeitpunkt: Die Viermächteeinigung über den österreichischen Staatsvertrag – dieses weltpolitische Wunder mitten im kalten Krieg – lag genau ein

Jahr zurück. Nach zehnjähriger Bevormundung durch vier Besatzungsmächte keimte in dem von der Donaumonarchie übriggebliebenen und nach zwanzigjähriger mühseliger Selbständigkeit von Hitler annektierten staatlichen Rudiment das erste Mal so etwas wie ein gesundes nationales Selbstbewußtsein. Insignien der neuen staatlichen Souveränität waren der Staatsvertrag und die Neutralitätserklärung, mit der sich Österreich verpflichtet hatte, sich strikte aus allen bewaffneten internationalen Konflikten herauszuhalten.

Nahezu am Jahrestag dieser Neutralitätserklärung begannen die Unruhen in Budapest, und damit entstand eine Situation, in der buchstäblich vor den Augen der Weltöffentlichkeit die Probe aufs Exempel der außenpolitischen Handlungs-, ja sogar Lebensfähigkeit der jungen zweiten österreichischen Republik gemacht wurde. Nachdem klargeworden war, daß die Ungarn nicht nur gegen innere Mißstände, sondern auch gegen Moskau revoltierten und ausdrücklich das österreichische Modell mit Souveränität auf Grund von Neutralität als erstrebenswert hinstellten, kam es doppelt und dreifach auf eine korrekte Außenpolitik Österreichs an, das als Brückenkopf zum Westen für die UdSSR eine Schlüsselstellung einnahm. Sollte der abtrünnige Vasall wieder fest an die Kandare genommen werden – und selbstverständlich sollte er das –, dann mußte man im Notfall auch eine Intervention im benachbarten Österreich riskieren, für den Fall, daß die Kämpfe absichtlich oder unabsichtlich über Ungarns Westgrenze übergriffen. In diesem Fall hätte man eben die österreichische Lösung im nachhinein als nicht geglückt hinstellen müssen.

Über Nacht war jedenfalls das Gefühl der Österreicher, endlich sicheren Boden unter den Füßen zu haben, geschwunden. Volk und Politiker fanden sich ohne Vorwarnung auf einem Hochseil über einem Abgrund wieder, und kein Netz, nur das eigene Balancegefühl, konnte sie vor einem Absturz retten. Der Abgrund, über den man hinweg mußte, hieß: Krieg. Etwas mehr als ein Jahrzehnt nach dem schlimmsten aller Kriege drohte ein noch schlimmerer. Beide Weltmächte verfügten mittlerweile über die Holocaust-Waffen, die Atombomben.

Zwar konnte man sich auf das Losungswort Jalta, wo Anfang 1945 die Welt „geteilt“ worden war, weiter verlassen – und deshalb war Ungarn 1956 auch nicht das brennendste Problem. Die USA hielten sich vereinbarungsgemäß aus dem Konflikt heraus. Doch Österreich paßte nicht ins Jalta-Schema und war deshalb viel mehr noch als Ungarn ein Unsicherheitsfaktor. Hier überlappten sich die Hemisphären, hier gab es durch den Staatsvertrag Verzahnungen der Großmachtinteressen. Sollte also hier der Eindruck entstehen, Österreich stellte sich in einem internationalen Konfliktfall einseitig in den Dienst einer der beiden Weltmächte, dann war die andere gezwungen zu intervenieren, wollte sie nicht ihr Gesicht verlieren.

Genau dieser Eindruck wurde auf dem Höhepunkt der Ungarn-Krise tatsächlich hervorgerufen, und zwar wider besseres Wissen – von seiten der österreichischen Kommunisten. Innerhalb der weltpolitischen Ausnahmerscheinung Österreich bildete die KPÖ noch eine speziellere Ausnahmeerscheinung. Die zehn Jahre, in denen diese Partei in der russischen Besatzungszone im Osten mit der Macht verschwägert war, waren an ihr natürlich nicht spurlos vorübergegangen. Ein Naheverhältnis zur Macht bringt stets einen Hang zur Bequemlichkeit und Schwerfälligkeit mit sich. Als die sowjetische Patronanz für die KPÖ 1955 endete, blieb die wohl konservativste kommunistische Organisation des gesamten Westens zurück. Die Nabelschnur zu Moskau wurde nie ganz abgebunden, zumal auch wirtschaftliche Bindungen bestanden, da während der Besatzungszeit Vorfeldfirmen der KPÖ Handelsbeziehungen zum Osten aufgebaut hatten, die auch nach 1955 intakt blieben. Ausdruck dieser schon kuriosen orthodoxen Grundeinstellung war die Haltung nach der Aufdekkung der Stalin-Untaten auf dem 20. Parteitag der KPdSU durch Chruschtschow: Die KPÖ blieb als einzige kommunistische Partei bei der Version, die Meldungen über die Aufdeckung durch Chruschtschow seien nichts anderes als US-Greuelpropaganda.

Selbstverständlich waren für sie auch die Geschehnisse in Budapest Ende Oktober 1956 nur Machinationen des US-Imperialismus. Freilich waren weder Infiltration noch Steuerung

der ungarischen Revolution durch den Westen eindeutig nachzuweisen. Was die Sowjets einigermaßen in Verlegenheit brachte: Sie hatten sich zunächst aus Ungarn zurückgezogen und brauchten dann, als die neue Regierung in Budapest die völlige Unabhängigkeit von Moskau ansteuerte, einen Vorwand für eine neue Invasion.
Welch ein glücklicher Zufall, daß ausgerechnet zu diesem für den Osten kritischen Zeitpunkt des Zentralorgan der KPÖ, die „Volksstimme", zweimal Sensationsmeldungen über Waffenschmuggel aus dem Westen nach Ungarn brachte. Angeblicher Umschlagplatz dieser Aktionen: Österreich.
Unmittelbar nach diesen Meldungen begann der Einmarsch russischer Truppen in das vermeintlich freie Ungarn. Da die „Volksstimme"-Meldungen im Osten eifrig nachgedruckt wurden, konzentrierte sich in der Weltöffentlichkeit das Interesse auf die Frage, ob die Sowjetunion ihre Strafexpedition gegen die Ungarn auch auf das aus ihrer Sicht vertragsbrüchige, weil westlichen Interessen dienende Österreich ausdehnen würde. In Österreich begann das große Zittern. Die „Volksstimme" wurde zwar wegen Aufwiegelung und Landesverrats angezeigt, doch das war nichts weiter als ein Formalakt und änderte nichts an der äußerst kritischen Situation.
Auch ohne geschärften Blick für Theatralik springt einem ins Auge, daß hier die Dramaturgin Geschichte ihren Handlungsknoten geschürzt hatte. Und wenigstens als Dramatiker kann man nicht umhin, von der Geschichte in dieser Beziehung zu lernen. Also begann ich, rund um diesen dramatischen Knotenpunkt der österreichisch-ungarischen Krisentage meine Filmgeschichte anzuordnen. Um aus dem Konflikt ein Schicksal zu machen, mußte noch ein Held der Handlung geschaffen werden. So entstand Dr. Ernst Bach, ein außenpolitischer Redakteur der „Volksstimme". Diese Kunstfigur sollte mehreres veranschaulichen: in erster Linie den verbohrten, aber redlichen, weil von idealistischen Motiven geleiteten Kommunisten. Diejenigen, die aus Opportunismus bei der KPÖ waren, hatten ihr nach dem Abzug der sowjetischen Besatzer zum Großteil schon den Rücken gekehrt. Geblieben waren die Idealisten und die Apparatschiks.

Unter den kommunistischen Idealisten gab es den sozial und den intellektuell fixierten Typ. Der Intellektuelle in der KP nach 1955 war insofern ein ergiebiges Studienobjekt, als er das, was man heute mit „nützlicher Idiot“ abschätzig etikettiert, in einer archaischen Form darstellt: Weil die politische Wirklichkeit nicht seinen Vorstellungen genügt, geht er davon aus, daß seine Vorstellungen wirklich sind und die Wirklichkeit ein Täuschungsmanöver sei. Im Falle der speziellen Optik im Herbst 1956 war es ein Täuschungsmanöver des CIA, der im Auftrag des US-Imperialismus die ungarische Revolution inszeniert hatte.
Ein Idealist läßt sich zwar betrügen, aber er ist selbst kein Betrüger. Für mich gab es – nachdem ich den Dr. Bach erfunden hatte – keinen Zweifel, daß dieser nicht bewußt Falschmeldungen über den von der „Volksstimme“ behaupteten Waffenschmuggel über Österreich nach Ungarn produziert hätte. Es lag auf der Hand, dafür Geheimdienstaktivitäten verantwortlich zu machen, weil sowohl CIA als auch KGB, vormals NKWD, ihr gesamtes Intrigenpotential zu diesem Zeitpunkt auf Österreich konzentriert hatten. In meiner Filmparabel sollte demnach der Protagonist einer Täuschung durch den sowjetischen Geheimdienst zum Opfer fallen. Erst mit dieser Täuschung war die Welt des Dr. Bach wieder in Ordnung.
Nach der Abgabe meines Drehbuches im ORF begann das, was ich einleitend als ein Stück Zeitgeschichte bezeichnet habe. Natürlich hat das Drehbuch nicht wirklich Geschichte gemacht, aber die Reaktionen darauf waren so, wie sie nur aus den zeitgeschichtlichen Besonderheiten heraus zu verstehen sind. Das erste Pauschalurteil (dem sich, nota bene, der zuständige ORF-Redakteur Dr. Werner Swossil nicht anschloß) lautete: „Die Kommunisten kommen viel zu gut weg.“ Das Pauschalurteil wurde auch durch ein diskretes Vorurteil gegen mich als einen notorisch „linken Autor“ gestützt. Wenn man meine Version der 56er-Ereignisse überhaupt das Licht der Fernsehöffentlichkeit erblicken lassen könne, dann nur gefiltert durch die Regiearbeit eines unverdächtigen, nicht linkslastigen Regisseurs. Einer lehnte sofort entsetzt ab, ein zweiter erst nach langen weltanschaulichen Auseinandersetzungen. Sein Credo, angewandt auf die

Hauptfigur des *Aufstandes:* Ein Kommunist könne nie ein Idealist sein, und wenn doch, dann sei er, der Regisseur, außerstande, aus so einer Unmöglichkeit von einem Charakter Filmrealität werden zu lassen. Und auch das Publikum werde sich innerlich gegen so eine Zumutung sperren.

Der kalte Krieg in seiner ganzen Majestät stand zwischen uns. Er läßt sich reduzieren auf die Formel: Guten Willen gibt es auf der anderen Seite nicht, nur böse Absicht. Ich empfand es in diesem Zusammenhang als besonders tragisch, eine Parabel von einem Kommunisten erfunden zu haben, dessen Credo es ist: Guten Willen kann es in der Gefolgschaft der USA nicht geben, nur böse Absicht. *Mein* Credo, diese Haltung sei eines Intellektuellen unwürdig, darüber hinaus durch nichts begründet und politisch äußerst gefährlich, hatte als erste Reaktion nur die spiegelverkehrte Karikatur von einem Intellektuellen zum Vorschein kommen lassen. Der „nützliche Idiot", diesmal mit umgekehrten Vorzeichen.

Hier hat das Vorurteil eine Zwickmühle konstruiert: Bei jedem Zug und jedem Gegenzug schnappt die Falle zu. Es gibt kein Entkommen und kein Entgegenkommen. Ein Argument kommt beim Gegner stets so an, daß es unverändert als Gegenargument verwendet werden kann. Diese Perpetuum-mobile-Funktion des Vorurteils hat sich schon über Jahrtausende bewährt und spottet jeder zivilisatorischen Entwicklung.

Immer wieder dieselbe triviale, aber hochwirksame Dramaturgie: Eine Gruppe stößt auf die andere und verwechselt prima vista Fremdheit mit Falschheit und Heimtücke. Und so stehen sie einander belauernd gegenüber und fühlen sich bedroht – die einen wie die anderen. Dann tuscheln sie untereinander, weil sie unsicher sind, die einen wie die anderen. Dies erweckt auf der jeweils anderen Seite den Eindruck, man habe etwas vor, worauf das Mißtrauen bei den einen wie den anderen noch mehr wächst. Man rückt zusammen, weil man Angst hat – aha! heißt es sofort in jeder Gruppe: Jetzt formieren sie sich da drüben zum Kampf. Um herauszubekommen, wie ernst es den anderen ist, macht – selbstverständlich bei den einen wie den anderen – einer eine Drohgebärde, was allseits einen Alarm auslöst. Und in dieser Alarmstimmung pflegen die Kriege auszubrechen.

Einzelpreis: S 1·10

In Budapest wird noch gekämpft (Seite 3)

Wiener Zeitung

Gegründet 1703 / Nr. 259

Redaktion: III., Rennweg 16; Druck: Österreichische Staatsdruckerei, III., Rennweg 16; Tel. U 18 5 85; Nachtschaltung ab 22 Uhr: Tel. U 18 5 86; Fernschreiber TW 18 05

Mittwoch, 7. November 1956

Einzelpreis S 1·10, an Sonn- u. Feiertagen S 1·30, Monatsabonnement S 26·—, mit B. G. Bl. S 32·25, für das Ausland ohne Bundesgesetzblatt S 37·—, mit S 46·60; Postsparkassenkonto Wien Nr. 178

Außenminister Figl: Keine Ursache zu einer Beunruhigung

Als wir vergangenen Freitag hörten, daß der Moskauer Sender, der Prager Sender und andere Rundfunkstationen die Greuelmeldung verbreiteten, daß vom Schwechater Flugplatz unter dem Deckmantel von Hilfeleistungen pausenlos Waffen und Munition nach Ungarn gebracht würden, daß Wien der Herd und Salzburg das Zentrum der ungarischen Emigration sei und daß Österreich somit seine Neutralität verletze, haben wir noch Freitag abend den russischen Botschafter von der wahren Sachlage in Kenntnis gesetzt und gegen diese Meldungen schärfstens protestiert.

Diese Greuelmeldungen hat am 1. November die „Volksstimme" gebracht, am 2. November übernahmen sie die Ostdeutschen, die Tschechen und die Russen. Wir haben bereits Samstag an die Staatsanwaltschaft den Antrag gestellt, wegen Aufruhr und Hochverrat Anklage gegen die „Volksstimme" zu erheben und das Verfahren einzuleiten. Die „Volksstimme" ist dann am 4. November beschlagnahmt worden.

Da auf Grund von Sensationsmeldungen eine gewisse Unruhe in der Bevölkerung entstanden war, hat sich die Bundesregierung Samstag veranlaßt gesehen, einen Aufruf im Rundfunk durchzugeben. Bundeskanzler Raab hat darin zur Ruhe gemahnt und versichert, daß keine irgendwelchen beunruhigenden Maßnahmen vorgesehen seien. Als sich nun am Sonntag die Situation in Ungarn plötzlich verändert hatte, ist die Regierung sofort zusammengetreten, um über das, was zu tun war, zu beraten, worüber auch die Öffentlichkeit durch ein amtliches Kommuniqué informiert wurde.

Österreichs Souveränität darf nicht verletzt werden

Washington, 6. November. Die Vereinigten Staaten haben laut „AP" erklärt, sie würden jeden Versuch, die territoriale Integrität und innere Souveränität des neutralen Österreich zu verletzten, als „schwere Bedrohung des Friedens" betrachten.

Diese Erklärung wurde vom amerikanischen Außenministerium in einer Stellungnahme zu der sowjetischen Beschuldigung abgegeben, daß von den Vereinigten Staaten angestiftete Personen von österreichischem Gebiet aus die Revolte in Ungarn gesteuert hätten. Diese Anschuldigung wurde als völlig haltlos zurückgewiesen.

Honner sprach vor leeren Bänken

Die Diskussion eröffnete Abg. Honner (KP), der vor leeren Bänken sprach, weil alle Abgeordneten der ÖVP, SPÖ und FPÖ den Sitzungssaal verlassen hatten. Er erklärte unter anderem, der Rechnungsabschluß beweise, daß die Gebarung im Jahre 1955 noch unsozialer war, als es selbst der Voranschlag erkennen ließ. Aus den gleichen Gründen wie beim Budget 1955 würden die Kommunisten auch dem Bundesrechnungsabschluß 1955 nicht ihre Zustimmung geben. Gegen die zahlenmäßigen Angaben des Rechnungshofes erhöben sie jedoch keine Einwendungen.

Als Honner seine Rede beendet hatte, kehrten die Abgeordneten wieder in den Saal zurück.

Eine besonders erschütternde dramaturgische Variante dabei ist, daß einer auf die andere Gruppe zugehen will, um zu versichern, man führe nichts Böses im Schilde, und dies auf der anderen Seite als Finte aufgefaßt und dadurch die Alarmstimmung ausgelöst wird. Dieses Mißverständnis bringt den guten Willen erst recht in Verruf. Er wird dann mit modernen Ausdrücken als „blauäugig“ oder „naiv“ umschrieben.
Mein „blauäugiges“ Rezept gegen dieses Urmißverständnis: sich in die Lage des anderen versetzen. Und zwar nicht um zu spionieren, sondern um zu verstehen. Das funktioniert nur, wenn man davon ausgeht, man wäre selbst durch Geburt und Umstände in der Situation des anderen. Sich selbst wird man jedenfalls verständnisvoller begegnen als dem Fremden. Und man bringt sich auch mehr Sympathie entgegen als dem Unbekannten.
Auf diese Art nahm der sympathische Kommunist Bach Gestalt an, der beileibe nicht nur eine Kunstfigur ist. Erstens habe ich selbst Bekannte unter den Kommunisten, die mir besonders sympathisch sind, und zweitens ist die Einteilung: Kommunist = Ekel, Kapitalist = Sunnyboy nicht nur naiv, sondern kindisch. Wirklich fremd war mir nur die Gedankenwelt Bachs: der Dogmatismus. Ihn habe ich zwar kennen-, nicht aber verstehen gelernt: diese Anziehungskraft eines scheinbar von der Wirklichkeit abgeleiteten Prinzips, das sich alle Erscheinungsformen des menschlichen Lebens untertan macht. Er ist als Übergangsphase vielleicht entschuldbar, dort wo angeblich notwendige ideologische Konsequenzen gezogen werden müssen, sicher aber nicht als Endphase politischer Einsicht und als Anleitung zum politischen Handeln.
Die heutige Kommunistische Partei Österreichs huldigt genau diesem Dogmatismus als letzter Konsequenz und höchster Einsicht. Und deshalb kam es förmlich zu einer Konfusion von Abwehrreaktionen, als kurz nach den westlich orientierten kalten Kriegern auch die KPÖ – übrigens nur durch eine Panne – das Drehbuch in die Hand bekam. Die „Volksstimme“ begann eine – in der außerkommunistischen Öffentlichkeit freilich unbemerkte – Kampagne gegen das Buch mit Aufmachertiteln wie „ORF will Hetzfilm gegen die KPÖ drehen“ oder mit „Offenen Briefen an Thomas Pluch“. Schließ-

VOLKS
V
STIMME

Zentralorgan der Kommunistischen Partei Österreichs

Nr. 258 Donnerstag 7. November 1985
P. b. b. • Einzelpreis S 6.—
Monatsabo S 112.— Wochenendabo S 26.—

ORF will einen Hetzfilm gegen KPÖ produzieren

• Muhri-Protest an Generalintendant

Schlüsselszene im TV-Film „Der Aufstand" (Drehbuch Thomas Pluch), der ab kommender Woche gedreht werden soll: 1. November 1956. Die „Volksstimme" bringt einen Aufmacher über einen CIA-Waffenschmuggel von Wien nach Ungarn, um die westliche Einmischung während der dortigen Konterrevolution zu beweisen. Im Film stellt sich heraus, daß der Waffenschmuggel für einen „Volksstimme"-Redakteur bestellt worden sei. Die Drahtzieher: der außenpolitische Leiter der „Volksstimme" und ein KGB-Agent . . .

KPÖ-Vorsitzender Franz Muhri hat dieser Tage in einem Brief an ORF-Generalintendant Gerd Bacher gegen diesen antikommunistischen Hetzfilm protestiert und verlangt, daß die Produktion dieses Streifens unterbleibt.

(Bericht Seite 4.)

Rekord bei Indirekten Steuern

WIEN. Im Oktoberheft der

Die „Aufstand"-Story ist eine schlichte Erfindung

Eigentlich soll es im Fernsehspiel „Der Aufstand" nach einem Drehbuch von Thomas Pluch um das Problem eines idealistischen Menschen gehen, der mit seinen Idealen als Opfer der großen Weltpolitik übrigbleibt. So sieht's zumindest der zuständige ORF-Redakteur.

Tatsächlich wird in „Der Aufstand" ganz kühn behauptet, das KPÖ-Zentralorgan „Volksstimme" hat mit einem KGB-Agenten, der sich als ungarischer Emigrant tarnt, einen Waffenschmuggel fingiert, den ein „Volksstimme"-Journalist (das ist der „Idealist") aufdecken darf, um so vor aller Welt die westliche Hilfe für die ungarische Konterrevolution in den Herbsttagen des Jahres 1956 zu dokumentieren.

„Es ist eine grobe Verleumdung, der KPÖ oder einem ihrer Funktionäre zu unterstellen, sie hätte im Auftrag des Geheimdienstes einer fremden Macht im Oktober, November 1956 irgendeine Handlung begangen", heißt es in einem Protestbrief des KPÖ-Vorsitzenden Franz Muhri an den ORF-Generalintendanten Gerd Bacher. „Produktion und Ausstrahlung eines derart verleumderischen Hetzfilms sind mit dem gesetzlichen Auftrag des ORF unvereinbar", heißt es weiter in dem Muhri-Brief.

Drehbuchautor Pluch, befragt nach den Quellen seiner Geschichte: Die Story ist erfunden.

> KELEMEN: Gut. Alle gut. Machen mit Kapitän, was ist Kurier von die anderen.
>
> JELEMENSKY: Alles Weitere können wir dann ruhig dem Genossen Bach überlassen.
>
> KELEMEN: Und was, bitte, wenn nicht glaubt an mich, dieses Redakteur?
>
> JELEMENSKY: Es muß erstklassig vorbereitet sein, das ist klar. Er ist ja nicht blöd. Es müssen auch richtige Waffen in die Kisten verpackt werden. Ganz realistisch. Realismus imponiert den Theoretikern am meisten, und daß die Realität einen doppelten Boden haben könnt, auf das kommen sie zuletzt, diese Menschen.

Der Chef der Außenpolitik der „Volksstimme" und der KGB-Agent besprechen den Coup im Drehbuch.

lich adressierte der KP-Vorsitzende Muhri einen ganz offiziellen Brief auch an ORF-Generalintendant Bacher, in dem schärfster Protest eingelegt und auf die möglichen außenpolitischen Folgen – eine Signatarmacht des Staatsvertrages könne sich verunglimpft fühlen – hingewiesen wird.
Hätte jemand ein Vorurteil gegen mich, könnte ihm die Idee kommen, ich hätte diese Reaktion bestellt, um den Verdacht der Kommunistenfreundlichkeit ein für alle Male los zu werden. Ich versichere deshalb hier noch einmal: Die KPÖ reagierte ganz aus eigenem Antrieb so typisch hysterisch. Und typisch auch die Manier, in der der Sachverhalt von ihr manipuliert wurde: In allen Polemiken war nur davon die Rede, daß im Film eine erfundene Waffenschmuggelszene vorkommt, nicht aber davon, daß die „Volksstimme" in zwei ihrer Ausgaben Ende Oktober/Anfang November 1956 erfundene Meldungen über einen Waffenschmuggel nach Ungarn gebracht hatte. Fast alle Zeithistoriker sind sich darin einig, daß ein Waffenschmuggel nie stattgefunden hat und auch sinnlos gewesen wäre, weil die voll bewaffnete ungarische Armee sich auf die Seite der Revolution geschlagen hatte.
Ein Drehbuch über ein Kapitel des kalten Krieges hat, bevor aus ihm noch ein Film geworden war, deutlich gemacht, wie sehr die Allergien aus dem kalten Krieg noch wirken. Kaum fällt das entsprechende Reizwort, bekommt man beiderseits der Ideologiefront rote Köpfe. Wieder einmal ist der Nachweis erbracht, daß Geschichte nichts wirklich Vergangenes, sondern etwas fundamental Gegenwärtiges ist. Aus ihrem Fundus beziehen wir die Bestandteile unseres jeweils aktuellen politischen Bewußtseins. Dadurch sind wir in unseren Reaktionen prädestiniert.
Hat man das einmal erkannt, wird man die Sinnhaftigkeit der Beschäftigung mit Zeitgeschichte nicht länger in Frage stellen. Sie ist nicht nur sinnhaft, sie ist politisch sogar notwendig. Vorurteile kann man nur abbauen, wenn man ihre Abstammung kennt und das Mißverständnis, auf dem sie beruhen, aufstöbert. Die bewährteste, weil für alle Seiten befriedigendste Floskel, mit der ein Streit begraben wird, lautet: „Es war alles nur ein Mißverständnis." Zeitgeschichte hilft uns, diese Floskel zu artikulieren.

Hinweise zur Lektüre

Filmprosa

Dieses Buch ist im Stil einer Filmprosa abgefaßt. Niemand möge verleitet sein, in einem germanistischen Fachwörterbuch nach diesem Zwitterwesen von einem Ausdruck zu suchen. Er wird keinen Erfolg haben (obwohl es klassische Versuche in dieser Richtung z. B. von Sartre und Cocteau gibt). Filmprosa soll hier für folgendes stehen: Um es den Lesern leichter zu machen, habe ich die nicht sehr lesefreundliche Drehbuchversion so aufgelöst und ergänzt, daß sich zumindest das äußere Bild einer Prosaform ergibt. Da aber auch in dieser Notation der Dialog bei weitem überwiegt, kann man nur sehr bedingt von einer Prosa sprechen, die darüber hinaus auch nach einer größeren sprachlichen Sorgfalt außerhalb der direkten Rede verlangt hätte. Was die Filmprosa aber leisten kann, ist, den Leser in die Lage desjenigen zu versetzen, dem ein Film nacherzählt wird. In dieser Lage hat er einen vielleicht wichtigen Vorteil gegenüber dem Nur-Fernsehpublikum: Er hat einen Überblick über das gesamte Rohmaterial, aus dem der Regisseur seine Filmversion gestaltet hat. Es ist nämlich eine Art Naturgesetz, daß Drehbücher immer viel (bis zu hundert Prozent) länger sind als die zur Verfügung stehende Sende- oder Vorführzeit. Es trägt also in jedem Fall zum Verständnis des Filmes bei, die ausführlichere Drehbuchfassung zu kennen. Durch welche Argumente der Ehrgeiz und die Hoffnung des Autors nicht ersetzt oder verschwiegen seien, die Filmprosa könne auch für sich allein Lesevergnügen bereiten.

Klammersätze

innerhalb der Filmprosa bedeuten, daß der jeweilige Dialogteil in ungarischer Sprache gesprochen wird.

Der Aufstand

Filmprosa nach einem Drehbuch von Thomas Pluch

Anfang Oktober 1956

Ein feuchtkalter Oktoberabend, gegen neun Uhr: Im Wiener Volksgarten beleuchtet ein Scheinwerfer einen Hügel mit ausgehobener Erde. Zu beiden Seiten des Erdhügels sind Gruben entstanden, die von Arbeitern, von denen nur mehr Brust und Kopf aus der Erde ragen, mit Krampen und Schaufeln gegraben worden sind. Ihre Arbeit ist noch in vollem Gang.

Im Scheinwerferlicht werfen die bewegten Torsos lange Schatten. Sie fallen auf kleine weiße Grabkreuze.

Eine Gruppe von Männern hat hinter dem Scheinwerfer Aufstellung genommen. Von ihnen sind im Gegenlicht nur die Konturen zu sehen. Die meisten haben die Mantelkrägen hochgestellt und ihre Hände in den Manteltaschen vergraben. Die Schultern haben sie hochgezogen, als könnten sie durch diese Haltung die Kälte abwehren, die ihnen im Nakken sitzt.

Von der nahen Ringstraße her kommt spärlicher Verkehrslärm. Das Leben hat sich von den Straßen schon zurückgezogen. Um so deutlicher nimmt man das Quietschen der Straßenbahn wahr, wenn sie beim Parlamentsgebäude um die Ring-Kurve in Richtung Burgtheater biegt.

Die hohen Eisengittertore des Volksgartens zum Ring, Heldenplatz und Burgtheater sind verschlossen. Vor ihnen patrouillieren Polizisten. Der Park selbst ist finster und menschenleer, sieht man von der vorhin beschriebenen Szene rund um den Erdhügel ab.

Auch auf dem Ring gibt es nur vereinzelt Passanten. Ihre Blicke scheinen ihren eiligen Schritten schon vorausgeeilt zu sein, in Richtung der Behaglichkeit ihrer Wohnung. Dennoch haben etwa zwei Dutzend von ihnen – vom Scheinwerferlicht irritiert – ihre zielgerichteten Schritte angehalten, um ihre Aufmerksamkeit dem Geschehen im Inneren des Volksgartens zuzuwenden. Sie stehen auf dem Gehweg des Rin-

ges am Parkgitter und starren zum beleuchteten Erdhügel hin.
Einer der grabenden Männer hält plötzlich inne, bückt sich und taucht dann wieder aus der Grube auf, etwas in der Hand haltend. Nachdem er selbst noch einmal einen Blick darauf getan hat, weist er es, als wollte er Lob für diesen Fund, den Umstehenden vor.
Aus der Sicht der versammelten Passanten vor dem Gitter ist der Fundgegenstand nur schwer zu identifizieren. Die Neugierde bringt Bewegung in die Gesichter. Einer der Wartenden stellt die Frage, die jetzt alle in der Runde beschäftigt: „Was habn S' denn da?"
Ein Polizist, der erst jetzt zur Gruppe gestoßen ist, gibt in einem Tonfall, als hätte er eine Litanei aufzusagen, die Anweisung: „Weitergehn. Da gibt's nix zum sehgn. Weitergehn."
Der Polizist hat der Form Genüge getan und wendet sich jetzt selbst interessiert dem Geschehen im Volksgarten zu. Ein zweiter Passant glaubt, den hergezeigten Gegenstand erkannt zu haben: „A Russnschädl. Freilich, was denn sonst!" – „Glaubn S'? Unhamlich." Ein Sarkast meldet sich zu Wort: „Jetzt sein s' nimmer unhamlich, die Russnschädln. Im fünfundvierziger Jahr warn s' unhamlich. Wie's unsere Frauen vergewaltigt ham."
Jetzt fühlen sich die anderen ebenfalls zu einem zeitgeschichtlichen Beitrag aufgerufen: „Genau. Und unsere Uhren gfladert." Der Aggressive von vorhin höhnt nun den Totenkopf: „Du nix mehr Ticktack zaprali, du!"
Ein weiterer Passant stößt erst jetzt zu der Gruppe und wendet sich an den Polizisten: „Was ist denn da, wenn i fragn darf, Herr Inspektor?" Darauf der Polizist lakonisch: „Weitergehn. Da gibt's nix zum sehgn."
Einer aus der Runde gibt dem Neuen eilfertig Auskunft: „Is eh in der Zeitung gstanden. Den russischen Heldenfriedhof wolln s' endlich beseitigen, diesen Schandfleck da mitten in der Stadt."
Eine der Wartenden, Dora Bach, die sich schon vorher in den Dialog einschalten wollte, den Mund schon geöffnet hatte, aber nicht zu Wort gekommen war, verschafft sich jetzt Ge-

hör. Sie ist Mitte vierzig, auf den ersten Blick unscheinbar, auf den zweiten jedoch erkennt man einen edlen, extravaganten Gesichtsschnitt, und wenn sie spricht, ist von ihrer Unscheinbarkeit nichts mehr zu bemerken. Auch die Art, wie sie gekleidet ist, beweist einen nicht sofort sich aufdrängenden Geschmack. Ihre Stimme klingt energisch, aber nicht alteriert: „Sie: Sie wissen ja, daß Sie von Angehörigen der Roten Armee sprechen, die im Kampf gegen den Hitlerfaschismus ihr Leben gelassen haben, hier bei uns, und für uns."
Eine kurze Weile herrscht betretenes Schweigen. Dann löst ein sarkastischer Zwischenruf die Spannung: „Für Sie vielleicht."
Dora Bach scheint aus dem Gleichgewicht zu geraten. Während sich in der Runde Spott breitmacht, muß sie erst Luft holen, bevor sie sagt: „Überlegn S' ein bissl, was Sie sagen. Und überhaupt: Nehmen Sie sich in acht!"
Das Gesicht eines der bisherigen Wortführer verfinstert sich: „Aha, daher weht der Wind! Nehmen S' zur Kenntnis, daß wir uns nicht mehr in acht nehmen. Und schon gar nicht vor tote Russen ..."
Dora weiß, daß es keinen Sinn hat, ihre Position zu verteidigen, und tritt den Rückzug an, während hinter ihr hergehöhnt wird: „... und auch nicht vor ana Kommunistin ... stimmt's vielleicht nicht, daß eine san ... vor euch Kummerln schon gar nicht, weil wir lebn jetzt in einem freien Land, wo jeder sagen kann, was er will!"
Dora ist noch in Hörweite und bleibt wieder stehen. Sich umwendend fragt sie mit bitterem Unterton: „Jeder?"
Dem Wortführer der Wartenden ist es ein Anliegen, Dora abzufertigen: „Ihr Kummerln habts lang genua was z'redn ghabt. Zu lang!"
Dora gibt es auf. Sie eilt davon. Höhnisches Grinsen begleitet sie.

*

Eine knappe halbe Stunde später beeilt sich Dora in ihrer Wohnung den Eßtisch zu decken. Ihr Mann, Ernst Bach, der nicht nur von seiner Frau, sondern auch von Kollegen und Freunden Ernstl genannt wird, steht im Vorzimmer und

kramt in seiner Aktentasche. Ernstl ist etwa fünfzig Jahre alt. Er verbirgt hinter einem gemütlichen äußeren Schein ein cholerisches Gemüt und einen streitbaren Intellekt.
Dora drängt sich an ihm vorbei zur Küchentür. Während sie ihn sanft zur Seite schiebt, sagt sie in einem absichtsvoll formellen Ton: „Verzeih, bitte."
Ernstl schaut verwundert auf, sagt aber nichts.
Dora, am Herd stehend, fährt in ihrer auffällig knappen Art fort: „Gleich ist dein Tee fertig."
Ernstl geht zur Küchentür. Auch er läßt jetzt Gereiztheit mitschwingen: „Wieso *mein* Tee? Du trinkst keinen?" – „Doch, doch."
Das Wohnzimmer der Bachs ist zum Teil mit Stilmöbeln ausgestattet, zum Teil mit SW-Möbeln. Man merkt sofort: Die Wohnungseinrichtung ist nicht das Produkt einer, sondern mindestens zweier Generationen. Auch Fenstergröße und Raumhöhe deuten darauf hin, daß sich die Wohnung in einem Mietshaus aus dem 19. Jahrhundert befindet. Der Gesamteindruck vermittelt aber nicht Wohlhabenheit, sondern es gibt nur Reminiszenzen an eine solche.
Ernst Bach hat sich inzwischen an den Eßtisch gesetzt und liest eine Zeitung. Dora bringt Tee und ein Tablett mit belegten Broten. Sie ist noch immer auf Streit aus: „Entschuldige bitte, es hat etwas länger gedauert."
Ernstl legt die Zeitung auf den Tisch und haut dabei nicht ganz unabsichtlich mit der flachen Hand auf die Tischplatte. „Was, bitte schön, habe ich dir getan?"
Dora darauf förmlich: „Nichts. Gar nichts."
Sie setzt sich an den Tisch und schenkt Tee ein.
Ernstl ist aufgebracht: „Das erklär mir, bitte. Kommst um eine halbe Stunde zu spät nach Hause und dann beißt noch auf mir herum."
Dora macht aus ihrem Herzen nicht länger eine Mördergrube: „Und in dieser halben Stunde hast du es nicht einmal fertiggebracht, einen Tee zu kochen?"
„Ach das ist es. Was hat es, bitte, für einen Sinn, wenn ich Tee koche, und ich weiß nicht einmal, wann die Gnädige ..."
„Also bitte! Eine Gnädige geht nicht ins Büro und muß dann noch den ganzen Haushalt ..."

„Diese Schallplatte wieder einmal.“
Dora atmet nun durch, nachdem sie ihren Zorn losgeworden ist: „Nicht wieder einmal. Nur hie und da.“
Sie holt noch einmal tief Luft: „Weißt was: Ich entschuldige mich. Ernsthaft.“
Ernstl ist beschämt: „Das ist unfair. Jetzt steh ich wieder da. Aber jetzt erlaube, daß *ich* wieder eine alte Platte auflege: Du arbeitest zuviel. Und deshalb bist überreizt. Verkehrte Welt: Der Mann hat überreizt von der Arbeit heimzukommen.“
Dora: „Die Arbeit macht mir gar nichts. Im Gegenteil. Aber erstens liegt mir auf der Seele, daß Jakob schon wieder nicht daherkommt, und zweitens hab ich auf dem Heimweg eine Szene erlebt, die mich total fertig gemacht hat.“
Der Bericht von den makabren Vorgängen im Volksgarten und dem unerquicklichen Wortwechsel, der von Ernstl erregt analysiert und kommentiert wird, nimmt die Zeit des Nachtmahls in Anspruch. Erst danach weicht die Empörung allmählich elegischeren Gedanken.

*

Einträchtig sind Dora und Ernstl damit beschäftigt, das Geschirr zu versorgen: Sie wäscht ab, er trocknet ab und räumt weg. Die beiden sind es ganz augenscheinlich gewöhnt, zusammen diese Tätigkeit zu verrichten. Jedenfalls bedarf es keiner besonderen Anweisungen während der Arbeit, alles läuft wie am Schnürchen ab.
Dora ist mit ihren Gedanken auch ganz woanders als bei dem Teller, den sie gerade über der Abwasch abtropfen läßt und dann ihrem Mann hinhält: „Weißt du, in letzter Zeit erwisch ich mich immer häufiger dabei, daß in mir so ein Gefühl entsteht, ich sei gar nicht da zu Hause. Ich meine: da in Wien. Da in der Wohnung bin ich natürlich zu Hause, weil ich da aufgewachsen bin und weil ich euch habe. Aber das, was man von einem ordentlichen Staatsbürger verlangt, so ein Heimatgefühl, mit dem tu ich mir immer schwerer.“
Ernstl sagt scheinbar nebenher: „Unsere Heimat ist die Partei.“
Dora schaut Ernstl mit einem Blick an, der besagt: Ich möchte dir ja gerne glauben, aber so einfach kann das wohl nicht

sein. Ernstl deutet diesen Blick richtig und relativiert nun: „Eine Phrase, ja. Aber sie bekommt allmählich wieder einen neuen Inhalt. Heimat ist nicht dort, wo man geboren wurde, sondern dort, wo man sich wohl fühlt. Denk an die Juden, an die jüdischen Emigranten. Und dann denk dir einen jüdischen Emigranten, der in Auschwitz geboren worden ist. Würde der noch jemals Auschwitz seine Heimat nennen?"
Dora macht einen Einwurf, der fast nach einer Rüge klingt: „Drastischeres ist dir nicht eingefallen?"
„Ich wollte nur verdeutlichen. Im Normalfall ist es das geistige Klima, das dir das Gefühl gibt, zu Hause zu sein. Und wie muß nun so ein geistiges Klima ausschauen? Es muß Übereinstimmung herrschen in den Grundbegriffen. Wenn ich mit jemandem über Faschismus oder über Imperialismus oder meinetwegen über Stalinismus oder ganz allgemein über Klassenkampfprobleme rede, dann muß ich mir sicher sein, daß wir dasselbe unter Faschismus und so weiter verstehen. Dabei ist das gar nicht so sehr eine Definitionsfrage – mehr eine Gesinnungsangelegenheit. Deshalb ist mir das Klima in der Sektion bei den sogenannten kleinen Genossen auch am liebsten, lieber als in der Redaktion, wo bei allem der Zynismus der Routine dabei ist ..."
Von beiden unbemerkt hat Jakob die Wohnungstür aufgeschlossen und ist – der Stimme seines Vaters folgend – zur Küchentür gegangen, die einen Spalt offen steht. Dort wartet er, dem Redefluß Ernstls seinen Lauf lassend, ab: „... und der bewußte Zweckpessimismus, während in der Parteibasis der Kommunismus noch eine Idee des Herzens ist. Verstehst du. Das ist Heimat. Obwohl ich nicht sagen will ..."
Ernstl räumt, mit dem Rücken zur Küchentür, Geschirr in einen Wandschrank und kann daher Jakob nicht sehen, doch Doras Blick wird nun unwillkürlich von Jakob angezogen. Sie schaut auf, während Ernstl weiterredet: „... daß ich mich in der Redaktion nicht zu Hause fühle. Es gibt so etwas wie einen Eros des gemeinsamen Zieles. Der dominiert alles andere. Ähnlich wie in einer Partnerschaft: Die Animositäten und gegenseitigen Allergien des Tages sind in den leidenschaftlichen Nächten gegenstandslos ..."
Er wendet sich Dora zu. Sein Blick ist vielsagend. Es ist liebe-

volle Ironie dabei, wenn er den Satz vollendet: „... der Triumph der Liebe über die Reibungsverluste durch schlechte Gewohnheiten ..."
Dora erwidert zwar Ernstls beseelten Blick, gibt ihm aber gleichzeitig mit dem Kopf ein Zeichen, um ihn auf Jakob aufmerksam zu machen. Ernstl beendet seinen geistigen Höhenflug mit einer harten Landung. Sein Gesicht verfinstert sich. Gereizt fragt er: „Wie lang lauscht denn da schon?"
Jakob antwortet betont arglos: „Den Moment bin ich gekommen."
Dora will keinen Streit zwischen Vater und Sohn aufkommen lassen: „Hast du überhaupt schon was gegessen?"
Jakob schüttelt den Kopf.
Ernstl nur scheinbar nebenher: „Und wo warst wieder so lang?"
Jakob kurz angebunden: „Sitzung. Komitee für Wehrdienstverweigerung."
Ernstl greift sich an den Kopf: „Was hat denn das für einen Sinn? Wo du doch morgen einrücken sollst?"
Dora beendet einstweilen die Auseinandersetzung, indem sie Jakob ihren Arm um die Schulter legt und in Richtung Wohnzimmer abführt: „Auch Pazifisten müssen dann und wann Nahrung zu sich nehmen. Komm, ich richt' dir was."

*

Als dann Jakob sein verspätetes Nachtmahl zu sich nimmt, sitzt Dora bei ihm und redet auf ihn ein: „So sei doch vernünftig. Du bist doch nicht mehr in der Pubertät." – „Ich will aber nicht, daß du für mich intervenierst. Daß du das nicht einsiehst: Ich will nicht, daß das nur mit Protektion geht ..."
Ernstl kommt ins Zimmer. Er hat schon die Pyjamahose angezogen und trägt darüber einen Schlafrock. Auf seinem Weg, der ihn vom Badezimmer in die Bibliothek führt, bekommt er zwar mit, was Jakob sagt, scheint es aber nicht zu beachten.
Jakob hebt nun seine Stimme, um es seinem Vater hineinzusagen, der es scheinbar nicht hören will: „Ich steh diesen Wahnsinn mit dem Militär allein durch. Das ist unsere Sache, begreif das doch: Wir Jungen müssen das austragen. Und

zwar gegen eure Generation, die ihr nichts dazugelernt habts. Ein Wahnsinn ist das, zehn Jahre nach dem schlimmsten Krieg aller Zeiten wieder ein Heer aufstellen. Wozu denn bitte? Ein Heer ist zum Kriegführen da, zum Blutvergießen, sinnlosen Blutvergießen ..."
Dora verliert die mütterliche Geduld und reagiert aufgebracht: „Na bitte, sinnlos?! War der Widerstand gegen Hitler-Deutschland sinnlos? Es gibt Agressions- und Verteidigungskriege ..."
Ernstl hat in der Bibliothek in einem riesigen Bücherschrank nach einer Nachtlektüre gesucht, wendet sich aber jetzt von den Büchern ab und ruft ins Wohnzimmer: „Ich bitte dich, laß ihn doch. Er weiß alles besser, und damit basta." Ernstl geht ins Wohnzimmer und stellt sich vor dem Eßtisch auf. Der Blickrichtung nach redet er mit Dora, doch es ist ganz klar, daß Jakob gemeint ist: „Wir lernen halt nichts dazu ..."
Jakob merkt, daß ihm eine alte Leier bevorsteht und will dem vorbeugen: „Schon gut, schon gut ... Ich ..."
Ernstl fährt energisch dazwischen: „Eben nicht gut. Wir werden uns aber zu bessern versuchen. Weil du uns ja so exzellenten Nachhilfeunterricht erteilst. Auch in Zeitgeschichte. Als wären nicht *wir* im KZ gesessen ..."
Dora weist Ernstl mit etwas zuviel Nachdruck zurecht: „Du bist wieder einmal unfair zu Jakob."
Worauf Ernstl erst wirklich in Rage gerät: „Und schon gibt es wieder die berühmte Front gegen mich. – Ich wollte eh ins Bett gehen."
Bevor er seine Absicht ausführen kann, die er ohnedies eher aus rhetorischen Gründen kundgetan hatte, steht Dora auf, geht zu ihm und legt ihm einen Arm um die Schulter. „Sei nicht kindisch. Ihr seid's beide wieder einmal enorm kindisch."
Der Sohn sieht eine Gelegenheit zum Einlenken und spielt jetzt nur mehr den Trotzigen: „*Ich* hab ein Recht darauf, noch ein bißl kindisch zu sein. Ich."
Ernstl klingt zwar auch nicht mehr gereizt, aber er ist durchaus nicht zum Blödeln aufgelegt: „Du vergißt, mein Kind, daß du fast zwanzig bist. Fast zwanzig, und – ich sage das bitte sine ira et studio – in einem solchen Alter bist du dir noch

nicht einmal im klaren darüber, was du studieren willst. Hättest du rechtzeitig inskribiert, hättest du dir wahrscheinlich die ganze Einberufung und deine Versuche, dich davor zu drücken, erspart. Das wollte ich nur noch in aller Form bemerkt haben, bevor ich diese nutzlose Neuauflage unserer griechischen Familientragödie beende."

Ernstl will gehen, doch eine Bemerkung hält ihn zurück: „Ich will mich vorm Militär nicht drücken, ich will es in Frage stellen."

Dora fleht Ernstl an: „Das mußt du ihm glauben." Ernstl lenkt nur verbal ein: „Ja, gut, ich glaube es ihm. Und ich wünsch ihm viel Glück dazu."

*

In der folgenden Nacht hat Dora einen schweren Traum. Sie erlebt noch einmal die Szene vor dem Gitter des Volksgartens. Diesmal allerdings wirkt alles noch viel unheimlicher und bedrohlicher. Die Bilder von Totenköpfen, die aus der Grube herausragen, und von den Gesichtern der Passanten verschwimmen ineinander. Tote scheinen Dora anzugrinsen. Dann nehmen die Schädel wieder Gesichtszüge an.

Dora nimmt allen Mut zusammen und schreit die Passanten an: „Sie sind für uns gestorben!"

Die anderen grinsen nur höhnisch, verwandeln sich wieder zu Totenköpfen. Diese erstarren zu Emblemen, wie sie die „SS" verwendete. Das Grinsen steigert sich akustisch zum Brüllen von Gefolterten. Dora ergreift die Flucht, wird jedoch von einer geisterhaften Stimme zurückgehalten: „Für Sie vielleicht. Für Sie vielleicht."

Dora sieht sich um. Sie ist nun allein auf der dunklen Straße. Nur ein bedrohliches Lachen ist zu hören. Dora starrt ins Dunkle. Plötzlich kommt ein Totenkopf auf sie zugerollt.

Dora schreckt aus dem Schlaf auf.

Sie macht Licht. Nur langsam weicht die Angst aus ihrem Gesicht. Ernstl wird ebenfalls wach. Er ist verstört: „Was ist?"

Dora löscht das Licht wieder aus: „Nichts, nichts."

23. Oktober 1956

Ernstls Arbeitsraum in der „Volksstimme“-Redaktion ist schmucklos eingerichtet. Von Behaglichkeit keine Spur. Das Fenster geht in einen Lichthof, der Blick hinaus prallt von einer braun angestrichenen Feuermauer ab. Auf dem Schreibtisch eine Schreibmaschine und daneben ein Radioapparat, an dem sich Ernstl gerade zu schaffen macht. Er versucht einen Sender, in dem auf ungarisch Nachrichten durchgegeben werden, besser einzustellen.

Ernstl beugt sich näher zum Lautsprecher hin, hört einige Sekunden zu und schüttelt dann den Kopf. Unwillkürlich murmelt er vor sich hin: „Wie gibt's denn das. Das gibt's doch nicht.“

Die Tür wird von außen einen Spalt weit aufgemacht, und Jelemensky schaut durch den Spalt. Er ist etwas jünger als Ernstl, ein undurchdringlicher, unverbindlicher Typ. Er knurrt Ernstl an: „Konferenz! Kommst du jetzt endlich.“

Ernstl ist in seiner Konzentration gestört und bringt das durch eine unwillige Geste zum Ausdruck. Jelemensky greift durch. Er geht zum Apparat und schaltet ihn einfach ab. Ernstl faucht Jelemensky an: „Hallo!“

Jelemensky bleibt kühl: „Alles wartet nur auf dich. Schon wieder einmal.“ Ernstl gibt nach: „Gut, ich komm schon.“

Er steht auf und geht mit Jelemensky gemeinsam aus dem Zimmer und einen Gang entlang. Unterwegs spielt sich Jelemensky noch einmal auf: „Um 15 Uhr ist Redaktionskonferenz. Alle halten sich daran, nur du nicht ... Jetzt bin ich ein Jahr da, und es ist immer dasselbe.“

Sie kommen am Fernschreibraum vorbei, in dem eine Sekretärin die Meldungen sortiert. Ernstl bleibt stehen und steckt den Kopf in den Fernschreibraum: „Noch immer nichts aus Ungarn?“

Die Sekretärin überlegt kurz und schüttelt dann den Kopf. Ernstl schüttelt nun auch den Kopf: „Merkwürdig.“

Joachim Bissmeier als Dr. Ernst (Ernstl) Bach, außenpolitischer Redakteur der „Volksstimme"

Jelemensky wendet sich um und geht voraus. Die Sekretärin schaut Ernstl mitleidig lächelnd an: „Bist schon froh, daß du jetzt ein Kindermädchen hast?"

*

Kurz darauf haben Jelemensky und Ernstl in dem Chef-Zimmer, in dem etwa vierzig Männer und drei Sekretärinnen versammelt sind, noch freie Sitzplätze ergattert. Der Chefredakteur, ein rund sechzigjähriger Mann von großer Leibesfülle und mit klugen, aber unruhigen Augen, ist am Wort: „Gut, gut, gell ... aber jetzt haben wir noch immer nichts Gescheites für die Einser. Bericht von der ZK-Sitzung, gut, und ein bisserl Nahost, wird ma ja sehn, was sich auswächst ... aber ..." Er schaut Ernstl an, der neben Jelemensky steht: „Richtig, was haben wir denn sonst eigentlich in der Außenpolitik?"
Ernstl versucht, sachlich zu berichten: „Möglicherweise was Aufmacherverdächtiges. Ich hab vormittag ..."

Eine Redaktionssitzung in der „Volksstimme" mit Erwin Leder (vorne links) in der Rolle des Jelemensky

Jelemensky läßt ihn nicht weiterreden: „Genosse Bach reitet wieder einmal" – er bemüht sich um einen ungarischen Akzent – „Steckenpferd ungarisches."
Alle lachen.
Ernstl spricht nun mit erhobener Stimme: „Aber ... aber ich hab doch im Radio ..."
Der Chefredakteur ist froh über die Auflockerung der Stimmung. Deshalb greift er die Anspielung Jelemenskys auf: „Bei den Ungarn wird halt alles zum Mulatschag, sogar der Kommunismus. Die Kommintern-Levantiner." Das Lachen flackert wieder auf. „Aber laß ma jetzt den Ernstl endlich zu Wort kommen. Aufmacherverdächtig, hast du gesagt? Wegen der Aktionen vom Petöfi-Kreis meinst, und wegen der Studenten? Oder gibts wieder einmal einen peinlichen Korruptionsskandal. Das wär dann eher ein Aufmacher für den Bacher sein ‚Bildtelegraf'."
Ernstl schaltet eine Kunstpause ein, bevor er sagt: „Darf ich

jetzt?" Der Chefredakteur übergeht den leicht gekränkten Ton: „Du bist am Wort, freilich. Wir platzen alle vor Neugierde."

Ernstl bleibt sachlich: „In den 13-Uhr-Nachrichten von Radio Free Europe hat's geheißen, die angesagte und verbotene Studentendemonstration findet trotz allem statt. Ich hab bei den Genossen in Budapest angerufen, und die hatten keine Ahnung davon. Eine halbe Stunde später krieg ich ein Telefonat aus Budapest mit der Bestätigung, daß sich die Studenten versammeln. Um 14 Uhr berichtet Free Europe schon von den Spruchbändern der Studenten. Unter anderem steht dort" – Ernstl sagt die Slogans zuerst ungarisch und dann deutsch – ‚Russen raus' und ‚Imre Nagy an die Macht' und ‚Freiheit oder Tod'. Die Slogans werden später in einer Agenturmeldung bestätigt. Später – wohlgemerkt. Und jetzt um 15 Uhr heißt es in Free Europe, daß das Innenministerium nachgegeben hat und daß die Demonstration legalisiert worden ist. Jetzt wart ich nur drauf, daß der Ami-Sender auch damit recht hat. Dann läg's ja wohl auf der Hand, auf wessen Kommando die Budapester Studenten in Wahrheit hören."

Es entsteht eine Pause. Ein Teil der Redakteure schaut Ernstl an, ob dieser noch etwas zu sagen habe, ein anderer Teil den Chefredakteur, wie der die Angelegenheit beurteile. Doch keiner der beiden sagt was, sondern Jelemensky ergreift als erster das Wort: „Nein, bitte: Alles schön und gut. Aber soll man wirklich diesen kleinbürgerlichen Anwandlungen von ein paar Budapester Studenten bei uns Aufmerksamkeit verschaffen?"

Der Chefredakteur ist noch immer unschlüssig. Ein anderer Redakteur meldet sich: „Wenn aber der Ernstl – ich meine: diese Geschichte mit Free Europe ist schon ziemlich handfest. Da könnt man einmal dem CIA konkret nachweisen ..."

Der Chefredakteur hat sich endlich eine Meinung gebildet: „Also weißt du – weißt du, Ernstl: Ich halt das vorläufig noch für eine Glosse auf Seite zwei. Eine scharfe Glosse. Aber Aufmacher? Gell ..." Jelemensky assistiert: „Genau. Was erreicht man damit? Die Dramatisierung einer Randerscheinung."

Ein anderer Redakteur, engagiert und vorsichtig zugleich,

mischt sich ein: „Obwohl gewisse Mißstände im Apparat nicht gerade die beste Propaganda für die sozialistische Wirklichkeit sind. Ich glaube, wir sind uns alle einig, daß es gewisse Mißstände in der ungarischen Wirtschaftsbürokratie gegeben hat und daß ..."
Jelemensky kann sich das nicht länger anhören: „Es kommt nicht darauf an, ob wir uns darin einig sind, lieber Genosse, sondern ob es für uns nun ein Gebot der Solidarität mit den Volksdemokratien gibt oder nicht?!" Alle Blicke sind auf Jelemensky gerichtet, der nun noch entschiedener weiterspricht: „Wenn ja, dann brauchen wir gar nicht weiter zu diskutieren, weil dann sind wir nicht dazu da, Randerscheinungen aus Ungarn bei uns im Westen hochzuspielen."
Da der Chefredaktuer sich beeilt, zustimmend zu nicken, gibt es keine Gegenstimmen mehr. Auch Ernstl beschränkt sich darauf, seinen Kopf zweifelnd zur Seite zu legen.

*

György Kelemen geht einen Gang eines Bürogebäudes entlang, bleibt bei den Türen kurz stehen, liest das jeweilige Namensschild und schaut dann auf einem Zettel nach, den er in der Hand hält. Nachdem er dies einige Male wiederholt hat, landet er bei der Tür mit der Aufschrift: „Dora Bach, Sozialreferat, Gewerkschaft der Privatangestellten."
Kelemen will gerade wieder weitergehen, als sich die Tür öffnet und Dora herauskommt. Kelemen wendet sich ihr zu: „Ach, bitteschen, ich suche diese Genosse, diese ..." Er zeigt Dora seinen Zettel. Sie liest und antwortet freundlich: „Ja, das ist da drüben: ÖGB-Auslandsreferat." Sie zeigt auf die andere Seite des Ganges. „Manfred Eder, Zimmer 211."
Kelemen schaut noch einmal auf den Zettel: „Doktor Eder ..." Dora lächelt: „Ja, Doktor."
Dora will weitergehen. Da wird sie von der Telefonklingel in ihr Zimmer zurückgerufen. Kelemen verneigt sich weltmännisch und geht auf das Büro Eders zu.
Dora greift in ihrem Büro hastig zum Telefon, meldet sich und lauscht kurz der Stimme am anderen Ende, worauf es aus ihr hervorsprudelt: „Dank dir, daß du zurückgerufen hast. Stell dir vor: Der Jakob hätt doch heute Ausgang haben sol-

Dora Bach (Monica Bleibtreu) in ihrem Büro im Gewerkschaftsbund

len. Vorhin ruft er mich an: Generelle Ausgangssperre. Kannst du dir da was zusammenreimen? Ich bin ein bissl besorgt, das muß ich schon sagen. – Na gut. – Na gut. – Ich brauch noch ... na, vielleicht eine Stunde. Ja, bestens: beim Kowalsky."

Dora legt den Hörer auf.

Bald darauf betritt Dora Eders Zimmer, grüßt freundschaftlich und lehnt sich an den Türrahmen. Eder, etwa im Alter Doras, sitzt am Schreibtisch. Er macht schon auf den ersten Blick den Eindruck eines Mannes, auf den man sich ganz verlassen kann. Aus dem Umgangston Doras mit ihm spricht eine selbstverständliche Kameradschaftlichkeit: „Ich wollte dich schon früher stören, aber du hast ja charmanten Besuch aus Ungarn gehabt. Wieder einmal einer von deinen CIA-Agenten?"

Eder lächelt nur: „Wie du weißt, laß ich mich von einer Kommunistin nicht ausfratscheln. Aber" – er spricht mit ungari-

schem Akzent weiter – „dieses fesche Lackel ist vor drei Monaten noch unter deinem Genossen Rákosi gesessen. Funktionär der Kleinlandwirtepartei aufsässiges." – „Ich glaube dir kein Wort. Aber etwas anderes mußt du mir ehrlich sagen: Warum gibt es beim Heer eine Ausgangssperre?"
Eder gespielt entrüstet: „Ich bin schockiert, daß du mir einen guten Draht zu den Militärs zumutest. Keine Ahnung. Aber ich kann einmal in der Löwelstraße nachfragen ..."
Doras Stimme klingt nun ernsthaft: „Tu das, bitte. Wir sehen uns eh am Abend? Es bleibt doch dabei?"
Eder nickt.
Dora geht.

*

Am Abend trifft das Ehepaar Bach vor Eder in dem als Treffpunkt vereinbarten Fischrestaurant an der Donau ein. Dora und Ernstl sind am Eingang zu den Innenräumen des Restaurants stehen geblieben, weil sie sich unschlüssig sind, wohin sie sich wenden sollen. Ernstl schaut Dora ungeduldig an: „Also was jetzt? Im Speisesaal oder auf der Veranda?" Dora versucht, ihn durch einen lockeren Ton zu entkrampfen: „Immer diese Entscheidungszwänge. Sei nicht so gereizt."
Ernstl nimmt sich zusammen und legt seinen Arm um Doras Schulter: „Entschuldige. Wieso hältst du es noch immer mit mir aus? Das frage ich mich oft." – „Weißt es ja: Liebe macht blind."
Sie haben sich für die Veranda entschieden. Durch die Glaswände sieht man auf die Donau. Dora und Ernstl sitzen an einem gedeckten Tisch. Der Ober steht bei ihnen und hat schon die Bestellung notiert. Dennoch kann er sich von den beiden nicht trennen: „Tausende Tote, habens gsagt, im Radio. Was sagen Sie dazu, Herr Doktor? Ich mein, von Ihrer Warte. Rein objektiv, und außenpolitisch? Kann da was herauswachsen? Is schon a bisserl unheimlich, wenn man denkt, daß sich das Ganze in Budapest abspielt, vor unserer Haustür, wie man sagt."
Ein Gast, in einer anderen Ecke der Veranda sitzend, ruft nach dem Ober. Es ist der Kapitän eines ungarischen Donauschleppers. Er kann den Ungarn nicht verbergen, auch

wenn er sich der deutschen Sprache recht gut bedient: „Herr Ober, bittä, bittä!!!"
Der Ober seufzt und geht, mit einer entschuldigenden Geste Dora und Ernstl verlassend, zum Tisch des Kapitäns.
Ernstl, der mit dem Ober nicht ernsthaft diskutieren hatte wollen, wendet sich nun an Dora, während er kurz höhnisch auflacht: „Das vergönn ich dem Jelemensky: eine Glosse auf Seite zwei. Jetzt steh ma da als die Blamierten. Aber abkanzeln hat er mich wieder einmal müssen, der Herr vom Pol-Büro."
Dora findet den Hohn unangebracht: „Sonst hast du wirklich keine Sorgen? Es fließt doch Blut. Und der Jakob ..."
Ernstl unterbricht: „Mach dich nicht lächerlich. Den Kindergarten von einem Heer werdens nicht ernstlich einer Gefahr aussetzen wollen. Denen haben sie doch noch nicht einmal beigebracht, wo vorn und hinten bei einem Gewehr ist ..."
Während Ernstl noch redet, ist Eder ins Blickfeld Doras gekommen. Sie beobachtet, wie Eder den Kapitän entdeckt, im ersten Moment auf ihn zugehen und ihn begrüßen will, es sich dann aber überlegt und auch das Nicken des Kapitäns, der schon halb zur Begrüßung aufgestanden ist, ignoriert.
Ernstl folgt nun dem Blick Doras und bemerkt Eder: „Ah, da ist er ja. Gleich werdn wir gscheiter werden." Er steht auf, um den Freund zu begrüßen, der jetzt bei ihrem Tisch angelangt ist. Eder reicht beiden die Hand und sagt dann zu Dora: „Also: es stimmt – das Heer hat Alarmbereitschaft."
Dora ist alarmiert, kann sich aber eine triumphierende Bemerkung Ernstl gegenüber nicht verkneifen: „Da siehst du."
Eder setzt sich, während Ernstl fragt: „Und weiß man auch warum?"
Eder fühlt sich gefrotzelt: „Das fragst du noch?" – „Ich mein: Weiß man genau, was passiert ist?"
Eder wiederholt im Telegrammstil Bekanntes: „Demonstration – Schießerei – Blut – Ausnahmezustand. Worauf die Demonstranten erst recht auf die Barrikaden gehen. Mit einem Wort: die von euch befreiten Völker haben genug von eurer Art der Freiheit."
Dora schaut Eder kritisch von der Seite her an: „Das ist jetzt aber sehr billig, was du da sagst."

„Entschuldige. Aber es ist, glaube ich, nicht die Zeit für Nuancen."
Ernstl mischt sich ein, weil er findet, man müsse in der Situation Tacheles reden: „Es fängt einmal damit an, daß nach meinen Telefonrecherchen in Budapest überhaupt nur Warnschüsse abgegeben worden sind. Es stimmt, daß die Leute vom Staatssicherheitsdienst die Nerven verloren haben und daß auf die Demonstranten geschossen worden ist. Aber nur vor die Füße."
Eder kann ein mildes Lächeln nicht unterdrücken: „Nur vor die Füße. Dir ist nicht zu helfen."
Ernstl ereifert sich: „Und überhaupt, ich habe Beweise dafür, daß dieser gefährliche Studentenulk ..."
Eder unterbricht ihn: „... vom CIA inszeniert worden ist. Das wolltest du doch sagen. Ihr österreichischen KPÖler habts wirklich ein Brettl vor dem Kopf. Wenns nach euch geht, war der Stalin wahrscheinlich auch ein CIA-Agent. Lächerlich! Wirklich! Alle Welt weiß heute, daß die Stalin-Ära die schlimmste Entgleisung des Marxismus und überhaupt eine der schlimmsten in der Menschheitsgeschichte war, mit Genoziden im Namen des revolutionären Gedankengutes, und ihr Kummerln tuts noch so, als hätts den Stalin überhaupt nicht gegeben ..."
Dora ist aufgebracht: „Das ist doch nicht wahr. Aber wahr ist, daß wir nicht alles für bare Münze nehmen, was heute die US-Propaganda über den 20. Parteitag der KPdSU und die angeblichen Enthüllungen des Genossen Chruschtschow über Stalin ..."
Eder resigniert scheinbar. Er greift sich an den Kopf: „Alles nur US-Propaganda! Also weißt, Dora ..."
Ernstl muß tief Luft holen: „Das wird man ihm nie klarmachen können. Ihm nicht, und den meisten nicht in der US-Kronkolonie Austria. Das Coca Cola hat ihnen das Hirn verpickt."
Eder ist empört. Er steht halb auf: „Jetzt ist es aber genug!"
Ernstl ist erschrocken über die Reaktion des Freundes: „Entschuldige. Das war überformuliert. Grad was dich anbelangt. Aber schau, wennst auf uns nicht hörst, so hör wenigstens auf deinen Genossen Hindels."

Eder winkt ab. Er lehnt sich in seinen Sessel zurück: „Ich weiß, was jetzt kommt."
Ernstl holt zu einer längeren Indoktrination aus: „Hör zu: Der Weg zur klassenlosen Gesellschaft ist lang und steinig. Das wirst du zugeben. Auch die Sozialdemokraten haben nicht von heute auf morgen die Welt verändert. Es kann Rückschläge geben und Querschläge und so weiter und so weiter. Wichtig aber ist das Ziel. Das wußten nicht nur Marx und Lenin, das wußte auch ein Otto Bauer hier in Österreich, wenn er vom integralen Kommunismus sprach. Und auf nichts anderes beruft sich Hindels, wenn er die Sozialisten auffordert, das Ziel nicht aus den Augen zu verlieren. Weil auch er ist sich im klaren: Da gibt es beträchtliche Abschweifungen in den Aussagen der sogenannten demokratischen Sozialisten. Wenn sie einmal irgendwelche Machtpositionen erreicht haben, dann fragt man sich oft, welches Ziel sie eigentlich im Auge haben: das Wohl der Arbeiterklasse oder das eigene Wohl ..."
Jetzt höhnt Eder ganz offen: „Aha! Und die Appartschiks im Osten denken nur an die arbeitenden Menschen? Deshalb haben ja auch die ungarischen Arbeiter das Rákosi-Regime so heiß geliebt, daß sie sich keinen anderen Rat mehr wußten als einen Aufstand ..."
Ernstl ist verzweifelt. Mit erhobener Stimme, bei Dora mit einem Blick Hilfe suchend und mit der Hand auf den Tisch schlagend, ruft er aus: „Er ist völlig vernagelt!"
Es entsteht eine Pause. Alle drei haben das Gefühl, zu weit gegangen zu sein.
Eder findet als erster wieder zu einem versöhnlichen Ton: „Ich tu mir so schwer, Ernstl, mit dir ernsthaft zu streiten. Erstens verbindet uns zu viel, weil unser gemeinsamer Hauptfeind ist selbstverständlich nach wie vor der Faschismus – das haben wir am eigenen Leib verspürt im KZ, und zweitens kann man mit einem Idealisten wie du einer bist überhaupt keine konstruktive Diskussion führen, weil du wirst dir deine Ideale nie ausreden lassen, und ich kann dir das wiederum nicht ankreiden."
Eder hat zum Schluß stockend gesprochen, weil er den Kapitän beobachtet hat, der sich zum Weggehen fertig macht. Un-

vermittelt sagt Eder: „Die Aufregung hat sich auf meine Blase geschlagen: entschuldigt mich ..."
Er steht auf und geht dem Kapitän nach, der schon den Raum verlassen hat. Dora schaut ihm nach: „Ich habe das unbestimmte Gefühl, er kennt den Ungarn."
Ernstl schüttelt den Kopf: „Wieso, das könnt er uns doch sagen." – „Du bist ganz schön naiv." – „Ein Agent? Meinst?"
Dora weist mit dem Kopf nach draußen. Durch die Glaswand kann man beobachten, wie Eder den Kapitän einholt, ihn anspricht und auffordert, mit ihm aus dem Blickfeld der anderen Gäste zu verschwinden. Ernstl tippt sich an die Stirn: „Ich Idiot. Und ich diskutier da ernsthaft mit ihm."
Vor der Tür zum Pissoir des Restaurants tauschen mittlerweilen Eder und der Kapitän hastig ein paar Worte aus. Der Kapitän ist erregt: „Ich hab gesagt zu meine Frau, soll mitfahren, und jetzt bleibt zu Hause, mein Gott, mit Kind, und jetzt diese Pallawatsch, Scheiß verdammte! Sie hat so gefleht zu mir, ich muß aufhören, und ich ihr gesagt, nur noch einmal. Und jetzt ..."
Eder nimmt ihn an den Schultern: „Jetzt gerade. Die warten auf das gewerkschaftliche Informationsmaterial. Einmal noch."

*

Nach dem Restaurantbesuch sind Dora und Ernstl vor dem Tor ihres Wohnhauses angelangt. Das Haus daneben ist eine Ruine, eine traurige Reminiszenz an den Krieg.
Dora kramt in ihrer Handtasche nach den Schlüsseln. Sie wird ungeduldig: „Immer muß *ich* nach den Schlüsseln suchen."
Ernstl gnädig: „Also wart." Nun beginnt Ernstl in seinen Mantel-, Rock- und Hosentaschen zu wühlen.
Dora hat ihre Nachforschungen eingestellt. Mit einem Mal bekommt ihr Gesicht einen angespannten Ausdruck: „Hör einmal."
Ernstl schaut auf. Tatsächlich fallen jetzt auch ihm Motorengeräusche auf, die von oben kommen: „Flugzeuge."
Beide lauschen.

Das Brummen und Dröhnen wird lauter. Doras Kehle ist eng, wenn sie jetzt sagt: „Wie im Krieg. Genau wie im Krieg. Was ist das? Erklär mir das."
Ernstl kann es nicht erklären. Als gelte es, sie vor einem Bombenangriff in Sicherheit zu bringen, sperrt er mit dem inzwischen gefundenen Schlüssel hastig das Tor auf. Beide verschwinden im Haus.

24. Oktober 1956

Am nächsten Tag, um etwa 8 Uhr früh: An einer Haltestelle warten einige Leute auf die Straßenbahn. Unter ihnen befinden sich Dora und Ernstl. Die meisten Wartenden haben sich um einen Zeitungskiosk versammelt. Einige kaufen Zeitungen, einige lesen nur die Schlagzeilen auf den ausgehängten Blättern. In Balkenlettern springen einem Titelzeilen wie „Bürgerkrieg in Ungarn“ oder „Blutbad in Budapest“ oder „Stalindenkmal gestürzt“ in die Augen.
Die Gesichter der Wartenden drücken Beklommenheit aus.
Die Straßenbahn kommt, und die Wartenden steigen ein, Dora und Ernstl mit ihnen.
In dem Waggon, in den das Ehepaar Bach eingestiegen ist, sind fast alle Sitzplätze besetzt. Dora und Ernstl finden aber noch zwei freie Plätze nebeneinander. Ein Herr in ihrer Nähe, der Zeitung gelesen hat, läßt diese nun sinken und wendet sich an einen Nachbarn: „Irgendwie hätt i das den Ungarn gar nicht zugetraut. Alleweil. Da ghört was dazu, sich's mit den Russen anzlegen.“
Der Nachbar nickt nur, er will nicht diskutieren. Darauf wendet sich der Zeitungsleser an Ernstl: „Net wahr. Und das Schönste wär, wenn sie die Russen überhaupt zum Teufel jagen tätn. Damit man amol siehgt, daß die auch nur sterblich san, die Herrn im Kreml.“
Nachdem auch Ernstl nur die Lippen zusammenbeißt, verfällt der Redselige endgültig in ein Selbstgespräch: „Den Polen hätt ichs ja eher zugetraut, den Polen. Die Ungarn, die kennt ma eh: solang die ihr“ – er verfällt jetzt in den ungarischen Akzent – „‚Gulyas‘ haben und ihren ‚Tokajer‘, da is ihnen die Politik wurscht.“
Er lacht. Ein Nebensitzender, dem offensichtlich nicht zum Lachen ist, meldet sich zu Wort: „Die solln da nicht herumzündeln. Die zündeln gern, die Ungarn. Aber wie leicht greift so ein Feuer über. Und wer spielt dann Feuerwehr?“

Das Ehepaar Bach (Joachim Bissmeier und Monica Bleibtreu) in der Straßenbahn auf ihrem Weg zur Arbeit

Einige nicken. Der Redselige macht eine geringschätzige Kopfbewegung und verschwindet dann wieder hinter seiner Zeitung, die er umgeblättert hat. Alle versinken wieder in Schweigen.
Nach einer Weile neigt sich Dora zu Ernstl und spricht halblaut zu ihm: „Hoffentlich dauert das am Abend nicht zu lange bei dir. Die Helene wird sicher groß aufkochen, und da kann man sie schwer warten lassen.“
Ernstl verzieht sein Gesicht: „Ich weiß nicht, was mir mehr im Magen liegt: die Ungarn oder der Geburtstag von deinem Bruder.“
Dora fleht ihn an: „Der fünfzigste. Ich bitte dich, versuch, gute Miene zum bösen Spiel zu machen. Wir haben uns sonst sowieso immer vor den Familienfeiern gedrückt. Bitte.“
Ernstl steuert auf einen ernsten Einwand zu: „Ja, ja. Aber ...“
Dora schaut ihn, Böses ahnend, von der Seite an: „Aber?“ –

„Was is, wenn sie mich nach Budapest schicken? Es ist mein Ressort, es ist mein Spezialgebiet. Wirklich wehren kann ich mich nicht, wenn sie mich schicken."
Dora seufzt: „So wie ich den Karl kenn, wär das eine Katastrophe. Und erst die Helen. Und überhaupt ..." Doras Stimme wirkt jetzt besonders eindringlich: „... auch wegen dir natürlich. Ich hätt keine ruhige Minute. Weil – wenn die Meldungen zehnmal übertrieben sind ..."
Ernstls Stimme wirkt dagegen sicher und beruhigend: „Wir haben schon ganz andere Sachen überlebt."
Dora läßt sich nicht beruhigen: „Aber es müßt doch einmal eine Ruh sein. Ich find, wir hätten Anspruch drauf, daß jetzt einmal eine Ruh ist."

*

Manfred Eder sitzt auf einem Sessel an der Schmalseite des Schreibtisches eines Gewerkschafts-Zentralsekretärs. Dieser geht vor dem Schreibtisch auf und ab. Sein Büro ist etwas aufwendiger eingerichtet als jenes von Eder, doch weit davon entfernt, ein „Chefzimmer" zu sein. Auf dem Tisch steht neben „Aktenbergen" ein Tablett mit zwei Kaffeeschalen und einer Zuckerdose. Der Zentralsekretär gibt Eder auf eine Frage Auskunft: „... keine Bomben, nein. Aber Propagandamaterial aus München."
Eder hat begriffen: „Und mir war ganz unheimlich wegen dieser Flugzeuge."
Der Zentralsekretär nickt zustimmend und zugleich nachdenklich: „Und weißt, was das Blöde dabei ist: Es handelt sich natürlich um eine Luftraumverletzung, durch die Ami. Und die Russen können uns glatt einen Strick draus drehen, weil wir nichts dagegen unternommen haben. Rein völkerrechtlich ..."
Eder fällt ihm ins Wort: „Was, bitte, hätten wir unternehmen sollen?"
Der Zentralsekretär: „Du sagst es. Unsere Luftwaffe kann sozusagen nicht einmal einer Fliege was zuleide tun. Weil wir keine Luftwaffe haben. Genaugenommen haben wir noch überhaupt kein Militär. Ein paar alte Nazis als Offiziere und

ein paar tausend Buam, die bis vor drei, vier Wochen noch kein Gwehr in natura gsehgn haben. Und die wolln s' jetzt an die Grenze verlegen." – „Wer will? Der Graf?" – „Der hat ja nichts zu reden in sein Ministerium. Der Fussenegger schafft an. Die Generale sind das Kriegspielen noch gwohnt, weißt eh. Da greifst dir an den Kopf. Andererseits: Es is a heikle Situation. Rein völkerrechtlich. Das sagen alle: heikel. Ich hab schon in der Früh mit dem Präsidium telefoniert und mit der Parteizentrale, und alle sagen: Das Wichtigste ist jetzt, daß man auf dem laufenden ist. Jede kleinste Information ist wichtig, vielleicht sogar lebenswichtig. Damit man sofort reagieren kann. Und deshalb wollt i mit dir reden. – Magst noch an Kaffee?"
Eder schüttelt den Kopf: „Ich sag dir aber gleich, daß ich grad zu Budapest miserable Kontakte hab. Ich weiß nur, daß Generalstreik ist. Aber das sagn s' ja jetzt schon im ungarischen Radio an. Man sollt sich vielleicht irgendwelche Solidaritätsaktionen überlegen ..."
Der Zentralsekretär ist erschrocken: „Ja nit! Wenn da irgendwas nach Einmischung riecht, sind wir gliefert. Samt unserm Staatsvertrag."
Eders Ton ist nun reserviert: „Dann versteh ich nicht, was du von mir willst?" – „Schau: Budapest ist für uns gar nicht so interessant. Schon auch, natürlich. Aber wirklich wichtig ist, was die Russen wollen. Und die Ami, beziehungsweise der CIA."
Eder schaut den Zentralsekretär verständnislos an. Dieser fährt nach einer kurzen Pause fort: „Schau: Ich will damit nicht sagen, daß du mit dein Auslandsreferat eine CIA-Agentur bist. Klar nit. Aber du kennst doch a paar von diesen Exilungarn. Und wennst *die* kennst – das is doch kein Geheimnis – dann kennst auch ein paar CIA-Agenten. Soviel zur einen Seite der Affäre. Auf der anderen bist zum Beispiel mit der Dora Bach sehr gut. Und die ist ..."
Eders Gesicht verschließt sich, als der Zentralsekretär seinen Satz vollendet: „... erstens selbst eine feste Kummerin und zweitens ist ihr Mann bei der ‚Volksstimme'. Und die wieder hängen noch direkt an der Nabelschnur von Mütterchen Rußland, verstehst? Verstehst?"

Eder will nicht verstehen. „Stell dich nicht so! Es geht um sehr viel, Manfred."
Darauf Eder in einem Ton der keine Zweifel offen läßt: „Die Dora ist meine Schulfreundin. Und mit dem Ernstl war ich zusammen in einer Widerstandsgruppe. Beides hochanständige Menschen. Du wirst doch nicht von mir verlangen ... Nur weil sie Kommunisten sind. Wennst's genau wissen willst – aber du weißt es eh genau –, dann war ich bis 1936 auch KP-Mitglied."
Der Zentralsekretär gerät in Rage: „Ja Herrschaftsseiten, ich verlang ja nicht von dir, daß du die Dora vergewaltigen sollst! Oder? Die Ohren sollst offen halten, das ist alles. Damit wir eine Chance haben, uns zu verteidigen. Wir wollen ja niemanden angreifen, kapier das doch bitte, wir wollen niemandem schaden. Wir wollen uns unserer Haut wehren, wenn's notwendig is. Das is es!"
Eder nach einer kurzen Pause: „Vielleicht hast recht." Der Zentralsekretär aufatmend: „Hundertprozentig hab ich recht."
Eder steht auf: „Wahrscheinlich hast recht."

*

Im Vorzimmer des Chefredakteurs warten drei Männer, unter ihnen Ernstl. Die Tür zum Chefzimmer geht auf, und die Sekretärin kommt heraus: „Der Chef möcht zuerst den Genossen Bach."
Ernstl beeilt sich, durch die von der Sekretärin offen gelassene Tür ins Chefzimmer zu verschwinden. Ihm nach mault einer der Wartenden: „Ungarisch müßt man können heutzutage."
Der Chefredakteur sitzt in einer Klubgarnitur und lädt Ernstl ein, ihm gegenüber Platz zu nehmen, während er lakonisch sagt: „Entscheidung vom Pol-Büro. Wir schicken niemanden nach Budapest, nur den Rudi zum Fotografieren. Bist jetzt traurig?" – „Wenn ich ganz ehrlich sein darf: nein. Versteh mich nicht falsch: Es hätt mich schon gereizt, an Ort und Stelle zu studieren, wie so eine Konterrevolution vor sich geht, und vor allem die Außensteuerung ..."

Der Chefredakteur hat ein Stichwort: „Gerade um die gehts mir ja. Und dem Genossen Koplenig auch. Es liegt auf der Hand, daß die ganze blöde Gschicht in Ungarn eine CIA-Inszenierung ist ..."
Ernstl kann sich ein überlegenes Lächeln nicht verkneifen: „Was ich ja, bitte, gestern schon ..."
Der Chefredakteur biedert sich an: „Was soll ich dir über diesen Jelemensky sagen. Wir zwei sind halt gelernte und gstandene Journalisten, und er ist ein typischer Parteibürokrat. Natürlich hat er außenpolitisch seine Erfahrungen, aber eine Meldung bewerten – davon hat er keine Ahnung."
Ernstl bekräftigt mit einem Seufzer: „Das darfst laut sagen."
Der Chefredakteur lächelt säuerlich: „Ich werd mich hüten das laut zu sagen. Schließlich hat der Genosse Jelemensky das volle Vertrauen von den Gottsöbersten. – Was brauch ich dir sagen." Ernstls Gesichtsausdruck ist nun eher abweisend.
Der Chefredakteur beeilt sich richtigzustellen: „Aber soweit laß ma uns natürlich nicht von oben her diktieren was Journalismus ist, daß wir jetzt einfach Behauptungen aufstellen, der CIA ist der Drahtzieher in Ungarn und so weiter und das Ganze nicht beweisen können. Und deshalb brauch ich dich da in Wien, damit du mir hier die ganze Gschicht recherchierst."
Ernstl versteht zuerst nicht: „In Wien?" – „Das ist doch wohl klar, daß jetzt alles über Österreich läuft. Heut in der Nacht zum Beispiel ..." – „Die Flugzeuge?" – „US-Flugzeuge."
Der folgende Dialog läuft im Ton eines Fachgespräches ab: „Woher weißt das?" – „Ein Genosse von der Polizei hat mich angrufen. An der ungarischen Grenze ist beobachtet worden, wie sie Pakete an Fallschirmen abgeworfen haben. Dreimal darfst raten, was da drinnen war." – „Waffen?" – „Beweisen könn ma eben noch nichts. Ein Funkgerät hats auf österreichisches Gebiet verweht. Daran siehst ja schon deutlich, wer dahintersteckt." – „Aber du wirst doch nicht von mir verlangen, daß ich mich in CIA-Kreise einschleiche. Ich mein, das könnt ich ja gar nicht." – „Stell dich nicht so naiv. Es geht um die ungarischen Emigranten. Das sind jetzt die Schlüsselpersonen." – „Diese vertrottelten alten Adeligen und Schmarotzer?" – „Du sprichst nur von denen, mein Lieber, die sich

bisher in Wien aufgehalten haben. Mag sein, daß die harmlos sind. Aber was ist mit jenen, die in Innsbruck und in München Gewehr bei Fuß stehen, schon die ganzen Jahre über, und auf ihre große Stunde warten? Ich müßt mich sehr täuschen, wenn die nicht schon dabei sind, ihr Hauptquartier nach Wien zu verlegen." – „Als Sprungbrett nach Budapest ... da ist was Wahres dran ..." – „Na, siehst ..."
Es ist ganz offensichtlich, daß der Chefredakteur Ernstl überzeugt hat.

*

Es ist kaum eine halbe Stunde vergangen, da ertönt in der Redaktion bei einem der beiden Fernschreiber die Vorrangklingel. Die Sekretärin, die sich im Nebenraum aufhält, eilt herbei. Sie liest die ersten beiden Zeilen, die von der Vorrangmeldung bereits durchgegeben worden sind:
„Budapest, 24. Oktober 56 – Aus gut unterrichteten Kreisen wird bekannt, daß Imre Nagy die Regierungsgeschäfte übernommen hat. Diesem Schritt ist ein Gespräch zwischen Zentralsekretär Gerö, Nagy und den beiden Mitgliedern des Petöfi-Kreises Kádár und Roszony vorausgegangen ..."
Die Sekretärin wirft einen kurzen Blick auf die Meldung, läuft dann auf den Gang und ruft: „Genosse Bach!"
Der Fernschreiber rattert weiter. Die Sekretärin kommt zurück, hinter ihr Ernstl. Er stürzt zum Fernschreiber und liest. Aus seinem Gesicht spricht große Anspannung. Dann rennt er in Richtung Chefbüro. Dort reißt er die Tür auf. Hinter ihm kläfft die Stimme der Chefsekretärin: „Unmöglich. Er ist besetzt. Besetzt."
Der Chefredakteur, der nun einem anderen Redakteur in der Klubgarnitur gegenübersitzt, schaut verärgert auf, merkt aber gleich, daß Ernstl einen triftigen Grund haben mußte, unangemeldet ins Zimmer einzudringen: „Imre Nagy Ministerpräsident."
Der Chefredakteur muß unwillkürlich schlucken. Er räuspert sich: „Imre Nagy?"
Ernstl knapp: „War als Titoist und Revisionist in Haft." – „Und die Russen?" – „Es gibt Meldungen, daß sie sich aus Budapest zurückziehen."

Der Chefredakteur holt tief Luft.
Gleich darauf hat Ernstl in seinem Redaktionszimmer Doras Telefonnummer gewählt. Er hat den Hörer am Ohr: „Es schaut nicht gut aus. – Nein, nicht wegen mir. Im Gegenteil: ich muß nicht nach Budapest. Also der Familienfrieden wird nicht gestört. – Ich weiß schon: den Fünfziger kann man nicht ignorieren. Ich komm aber wahrscheinlich ein bissl später. Es geht drunter und drüber. Die Russen scheinen abzuziehen. Und zu allem Überfluß erwartet man jetzt von mir, ich soll die Querverbindungen zwischen CIA und Exilungarnorganisationen nachweisen. Nachweisen, verstehst. Nicht behaupten, was eh ein jeder weiß."
Er lehnt sich in seinen Sessel zurück und sagt, während er die Stirn in Falten legt, selbstironisch ratlos: „Die halten mich für den Helden aus einem Spionageroman."
Am anderen Ende der Leitung legt Dora den Hörer auf. Sie tut es automatisch, während sie ins Leere starrt. Nach einer Weile steht sie auf und geht aus dem Zimmer und über den Gang auf Eders Zimmer zu.
Eder hat Kelemen bei sich, der auf einem Besucherstuhl sitzt, während Eder am Fenster lehnt und auf den Ungarn einredet: „... bei aller Sympathie, verstehn Sie. Wir werden, wenn schon nicht mit materiellen Gütern, selbstverständlich mit geistigen die Demokraten in Ungarn jederzeit unterstützen. Alles andere verbietet uns leider die Neutralität und die weltpolitische ..."
Es wird an der Tür geklopft. Eder hält inne und ruft: „Ja?"
Die Tür wird geöffnet, und Dora schaut herein. Als sie Kelemen erblickt, geht sie nicht weiter, sondern sagt: „Oh, entschuldige, ich störe." Dann jedoch wartet Dora gar keine Antwort ab, sondern tritt kurz entschlossen ins Zimmer: „Weißt du schon?" – „Was?" – „Imre Nagy hat die Macht in Ungarn übernommen."
Eder spricht förmlich mit offenem Mund: „Wer sagt das?"
Dora gibt mit tonloser Stimme Auskunft: „Der Ernstl hat mich gerade angerufen."
Kelemen hat scheinbar erst jetzt verstanden. Er springt auf und wirft die Arme in die Höhe. Dabei ruft er auf ungarisch aus: („Freiheit! Freiheit! Gott schütze unser freies Ungarn!")

Eder ist skeptisch: „Ich trau dem Frieden nicht. Daß die Russen so schnell nachgeben würden, nein ...!"
Kelemen spielt sich jetzt auf: „Russischer Bär Hose voll. Wenn du ihm zeigen Zähne, er gleich angemacht." Sein Blick fällt auf Dora, und er verbeugt sich schuldbewußt: „Oh meine Pardon, bitte, Gnädige. Freude lassen Herz und Mund – wie sagt man – davonlaufen."
Während sich Dora zu einem Lächeln zwingt, beginnt Kelemen jetzt gar zu singen: („Nimmer beugen wir uns dem Tyrannen.") Dann wendet er sich an Eder und sagt hastig: „Ich gleich in Café Teddy zu meine Landsleute und sagen, was ist passiert Wunderschenes."
Im Hinausgehen wendet er sich auch noch einmal an Dora: „Ich bitte um meine Pardon."
Nachdem Kelemen die Tür von außen geschlossen hat, seufzt Eder: „Daß sich Ungarn immer wie Karikaturen von Ungarn benehmen müssen."
Dora lächelt mühsam. Es läutet das Telefon. Eder hebt ab: „Auslandsreferat, Eder. – Ja. – Ja, hab ich schon gewußt. – Kollegin Bach. – Dank dir, Freundschaft." Eder legt den Hörer wieder auf die Gabel: „Jetzt ist es amtlich."
Dora ist niedergeschlagen: „Eine Katastrophe."
Eders Stimmung ist alles andere als depressiv: „Das sehe ich anders."
Dora gereizt: „Weil du alles mit Scheuklappen siehst." – „Ich?"
Dora beginnt zu dozieren: „Bitte: Wo hat die Befreiung der arbeitenden Klasse stattgefunden? In Rußland oder in deinem Amerika? Das kannst du doch nicht vergessen haben, daß Rußland das Heimatland der Arbeiterrevolution ist. Und daß alles, was gegen Rußland unternommen wird, sich daher indirekt auch gegen die Arbeiterklasse richtet."
Eder lächelt nachsichtig: „Du willst doch nicht jetzt ernsthaft diskutieren. Sonst müßt ich dir nur – von wegen Unterdrükkung – wiederholen, was der Chruschtschow im Frühjahr über deinen Freund Stalin alles erzählt hat."
Dora kühl: „US-Fälschung."
Eder lächelt jetzt höhnend: „Laß ma das. Mit euch kann man wirklich nicht wie unter erwachsenen Menschen diskutieren,

mit euch österreichischen Kommunisten. US-Fälschung! Die italienische KP hat die Rede in der ‚Unita' fast wortwörtlich abgedruckt."

Dora atmet durch: „Es ist vielleicht jetzt wirklich nicht der richtige Moment, sich über Stalin den Kopf zu zerbrechen. Eines wirst du mir aber zugestehen: Weltpolitisch ist das Ganze höchst bedenklich."

Eder wird nun auch schärfer im Ton: „Warum? Warum eigentlich? Weil ein Volk sich von Fremdherrschaft befreit?"

Dora ist nun eingeschnappt: „Mit dir kann man zur Zeit wirklich nicht reden." Sie wendet sich zur Tür. „Ich wünsch dir viel Glück mit deinem CIA."

Dora geht aus dem Zimmer und schlägt die Tür hinter sich zu. Gleich darauf öffnet sie diese aber wieder und schaut noch einmal herein: „Entschuldige. Das wollte ich nicht."

Sie schließt jetzt die Türe vorsichtig.

Dora geht nicht in ihr Büro zurück, sondern verläßt das Gewerkschaftshaus. Sie ist offenbar aufgewühlt, ihr Gesicht kann es nicht verbergen. Eiligen Schrittes geht sie auf eine Telefonzelle zu. Bevor sie in die Zelle eintritt, schaut sie sich um, versucht dies aber so unauffällig wie möglich zu machen. Dann betritt sie die Zelle und wählt eine Nummer.

*

Ungefähr eine halbe Stunde danach sieht die „Volksstimme"-Redaktionssekretärin, die im Fernschreiberaum gerade Meldungen abschneidet, durch die offene Tür zum Gang Ernstl vorbeigehen. Sie ruft ihm nach: „Genosse Bach!" Ernstl schaut durch die Tür. Die Sekretärin nimmt einen Zettel vom Tisch: „Deine Frau hat dich am Telefon gesucht."

Ernstl will schon wieder gehen: „War in der Setzerei. Ich ruf sie zurück, oder?"

Die Sekretärin schüttelt den Kopf: „Sie hat von einem Telefonhüttl angrufen, weil sie Angst hat, sie könnt abgehört werden im Büro. Sie hat nur einen Namen durchgegeben." Die Sekretärin schaut auf den Zettel. Sie liest: „György Kelemen, aus der Haft entflohener ehemaliger Funktionär der Kleinlandwirtepartei, ist jetzt im Café Teddy im 9. Bezirk zu errei-

chen. Und dann hat sie noch gsagt: Berufen auf Manfred Eder."
Sie gibt Ernstl den Zettel. „Sie hat gmeint: Der Ernstl weiß eh Bescheid." Dieser nickt dankend.

*

Im Café Teddy, dessen Einrichtung von abgewetztem rotem Plüsch geprägt ist, geht es hoch her. Ein Flügel des rechtwinkelig verlaufenden Gastraumes ist von Ungarn okkupiert, im anderen sitzen nur vereinzelt Gäste in den Logen oder den frei stehenden Tischen mit runden Marmorplatten.
Die Ungarn haben Sektkelche in den Händen, die sie im Takt nach oben strecken, während sie die Petöfi-Hymne singen: („... Wir schwören beim Gott der Ahnen, Nimmer beugen wir uns dem Tyrannen, nimmer mehr ...")
Ernstl kommt herein, schaut sich um und setzt sich dann an einen Tisch, von dem aus er beide Flügel überblicken kann.
Die Ungarn sind mit ihrer Hymne fertig, rufen („Elyen!") und stoßen mit ihren Gläsern an. Nachdem sie getrunken haben, stimmt einer von ihnen wieder ein Kampflied an, diesmal die Marseillaise.
Der Ober ist zu Ernstls Tisch getreten. Ernstl bestellt einen Tee und fragt dann den Ober etwas, was im Gegröle der Ungarn untergeht. Der Ober geht zur Schank, gibt die Bestellung Ernstls weiter und geht anschließend zu den Ungarn. Dort wendet er sich – nachdem die Marseillaise verklungen ist – an Kelemen, flüstert ihm etwas zu und zeigt dabei auf Ernstl.
Kelemen kommt zu Ernstls Tisch und bleibt davor stehen: „Bitte? Was Sie ..."
Ernstl steht auf und redet Kelemen auf Ungarisch an: („Herr Kelemen?") Kelemen nickt. („Entschuldigen Sie die Störung, ich ...")
Kelemens Gesicht heitert sich auf: („Ach, du bist ein Landsmann. Was sagst du das nicht gleich, lieber Freund. Komm, wir feiern gerade, trink mit uns auf die Freiheit.")
Ernstl hält Kelemen zurück: („Gerne. – Aber darf ich vorher noch eine Frage ...")
Kelemen aufgekratzt: („Aber natürlich, frag nur!")

Redakteur Ernstl Bach auf Recherche im Ungarn-Café Teddy (mit Andreas Gönczöl als Kelemen)

Ernstl drückt herum: („Du kennst ja den Manfred Eder?")
Kelemens Gesicht verschließt sich: („Wen? Eder?") Er schüttelt den Kopf.
Ernstl versucht, sich von einer anderen Seite her bei Kelemen vorzutasten: („Nicht? Ach so. Aber du warst doch früher bei der Kleinlandwirtepartei?")
Kelemen ist endgültig reserviert: („Kleinlandwirtepartei …?")
Ernstl lauernd: („Nicht?")
Kelemen wird unverbindlicher: („Was du alles weißt? Wer bist du überhaupt?")
Ernstl knapp: („Journalist.")
Es ist deutlich zu merken, wie nun Kelemen einen Vorhang zwischen sich und Ernstl zuzieht: („Ach. Welche Zeitung?")
Ernstl: („Keine bestimmte. Viele. Ich möchte ein Interview machen über die Bedingungen in den ungarischen Kerkern unter Rákosi. Du bist doch unter Rákosi gesessen?")

Jetzt ist in Kelemens Stimme etwas Lauerndes: („Du hast einen merkwürdigen Akzent.“)
Ernstl quasi nebenher: („Ich bin schon lang in Wien. War nur als Kind in Ungarn.“) – („Wo?“) – „Hegyeszalom“ – („Das ist fast Österreich.“)
Ernstl drängt: („Ich brauch ein Interview. Ich lebe davon. Wenn *du* nicht, vielleicht ein Kollege.“)
Kelemen höhnt jetzt: („Du glaubst, die sind alle gesessen?“)
Ernstl in einer Art Flucht nach vorne: („Was sie nach der Befreiung tun wollen, zum Beispiel? Sie werden doch zurück wollen – und vielleicht wollen sie auch ihre Güter zurück?“)
Kelemen mustert Ernstl. Dann schaut er zu den jetzt etwas leiseren Kollegen: („Warte hier.“)
Kelemen geht. Ernstl setzt sich nieder. Der Ober stellt Ernstl einen Tee hin. Die Ungarn stoßen wieder an.

*

In der Bibliothek der weitläufigen, mit kostbaren Stilmöbeln eingerichteten Jahrhundertwendewohnung der Familie Khittl ist die Verwandtschaft zum Aperitiv versammelt. Es wird das erste Mal auf den Jubilar, Karlo Khittl, der den Fünfziger begeht, angestoßen. Etwa zehn festlich gekleidete Personen befinden sich im Raum, unter ihnen Dora, Mama, Karlo Khittl, dessen Frau Helen und Schwager Otto, der Bruder Helens.
Otto prostet Karlo zu: „Du hast dir ja ein historisches Datum ausgsucht für deinen Fünfziger.“
Karlo im leicht nasalan Tonfall: „Gelt ja.“
Mama mischt sich ein: „Ich wünsch mir auch ein Geburtstagsgeschenk.“
Karlo belustigt: „Das wärn ja ganz neue Sitten, Mama.“
Mama nur halb scherzhaft: „Ausnahmsweise heut kein Wort über Politik. Kein Sterbenswörterl.“
Otto bedauert: „Grad heut?“
Karlo mit Seitenblick auf Dora, lauter als zuvor: „Gstorben wärn ja genug wieder einmal. Für die Freiheit.“
Mama rügend: „Keine Politik, bitte!“
Otto schaut sich um: „Apropos. Wo ist denn der Ernstl. Ist eh

noch nicht da. Also is noch keine große Gfahr, was das Politisieren anlangt."
Dora hat, sich mit Helen unterhaltend, krampfhaft weggehört, aber doch alles mitbekommen. Jetzt dreht sie sich zu Mama um: „Wenn ich mich jetzt zurückhalten soll, Mama, dann kriegst aber zu Weihnachten kein Geschenk mehr." Dora küßt Mama auf die Wange. Dann geht sie zu Karlo und legt ihre Hand um seinen Nacken: „Waffenstillstand. Aus Anlaß des Geburtstages seiner Majestät."
Mama schickt Dora ein Luftbussi: „Ohne deinem Ernstl bist du ja ein vernünftiger Mensch."
Dora muß sich zusammennehmen. Sie lächelt gezwungen: „Findest du?"
Mama ernsthafter als zuvor: „Das wirst du deiner alten Mutter nie einreden können, daß du aus Überzeugung eine ... ich mag das Wort gar nicht in den Mund nehmen – eine Kommunistin geworden bist. Aus Liebe, blinder Liebe, sonst nichts."
Dora beißt die Lippen aufeinander. Helen rettet die Situation, nachdem nun auch alle anderen im Raum schon ihre neugierigen Blicke auf Dora und Mama gerichtet haben: „Sagt's einmal: Ihr interessiert s' euch gar nicht, was der Karlo von mir geschenkt bekommen hat. Da werdet's Augen machen.
Alle begeben sich in das Nebenzimmer, wo sie einer „Geschenkenthüllung" beiwohnen. Auf einer barocken Truhe an der Wand steht ein mit einem Spitzentuch bedeckter Quader, der sich – nachdem Helen das Tuch weggezogen hat – als Fernsehapparat entpuppt.
Ausrufe des Erstaunens und der Bewunderung sind die Folge: „Ich hab mich ja lang genug gegen das Kastl g'wehrt. Aber – unter uns – wir haben es schon gestern eingeweiht: faszinierend. Auch technisch brillant. Das neueste Modell. Keine Rede vom ‚Flimmern' oder ‚Schneien', wie es immer heißt."

*

Mittlerweile singen im Café Teddy die Ungarn zwar nicht mehr lauthals, aber einige summen mit schwerer Zunge vor sich hin. Zwei sind ins Streiten geraten: („Du redest daher

wie die Kommunisten. Was heißt Faschist?! Horthy war ein Patriot. Ich war nie sein Freund, aber er war ein Patriot. Was wir brauchen, sind Patrioten ... nicht Faschisten ... das heißt ... was ...?") Er winkt ab. Bevor sein Widerpart etwas sagen kann, mischt sich der Ober ein, der die vier Flaschen Sekt, die auf dem Tisch der Ungarn stehen, nacheinander gegen das Licht gehalten hat, um zu kontrollieren, ob sich noch etwas in ihnen befindet: „Darf's noch etwas sein, oder wollen die Herren vielleicht zahlen?"
Ein betrunkener Ungar macht eine Geste wie „Was kostet die Welt?" und lallt: („Zahl alles. Alles. Aber heut nur mit Dollar. Dollar! Bring noch ein Fläschchen.")
Der Ober entfernt sich. Er kommt an Ernstls Tisch vorbei. Dieser spricht ihn an: „Ich möcht zahlen."
Kelemen schaut aus seinen Augenwinkeln zu Ernstl, dieser ebenfalls unauffällig zu Kelemen, während der Ober zusammenzählt: „Das waren dann so viel wie zwei Tee. Das wär so viel wie sechs Schilling vierzig."
Ernstl kramt in seinen Taschen nach Geld: „Einen Zettel bitte, mit Stempel."
Der Ober zieht einen Block hervor und schreibt den Betrag hin: „Bitte, bitte."

*

Die Geburtstagsgäste des Ehepaares Khittl haben an der festlich gedeckten Tafel im Speisezimmer Platz genommen. Der erste Gang des Menüs ist bereits aufgetragen worden. Ein Stuhl neben Helen ist noch leer. Man unterhält sich angeregt. Otto ist am Wort, das offenbar an Dora gerichtet ist: „Jetzt ist er schon ein Vaterlandsverteidiger, das Zwergerl Jakob. Naja, was hat man sich denn vorgestellt? Daß nur wir älter werden und die Kinder nicht?"
Mama gespielt entrüstet: „Aber ich muß schon bitten: Wir werden doch nicht älter."
Beifälliges Geschmunzel ringsum, worauf Helen auch zu einer selbstironischen Bemerkung ermutigt ist: „Gott sei Dank aber auch nicht jünger. Sonst müßtn wir noch einmal in die Schule und in den Tanzkurs. Grauslich."

Otto eins oben drauf: „Und wir noch einmal zum Militär."
Karlo hat für Scherze in diese Richtung nichts übrig: „Das ist schon gut eingeteilt so, daß jetzt andere dran sind, ihren Schädel hinzuhalten fürs Vaterland. Wir habn's ja lang genug tun müssen, und zwar in härteren Zeiten als heute. Wo's noch wirklich um die Wurscht gangen ist."
Dora war entschlossen gewesen, in ernsthaften Fragen nicht mehr den Mund aufzumachen, aber plötzlich hört sie sich sagen: „Was würdest du da als Wurscht bezeichnen?"
Karlo mit heldischem Unterton: „Ostfront."
Dora nun mit schneidender Stimme: „Verstehe. Und das Vaterland, für das du deinen Kopf hingehalten hast, war Hitler-Deutschland, nicht wahr?"
Karlo zuckt schmerzlich zusammen: „Jetzt kommt wieder diese alte Leier."
Otto springt ihm bei: „Wir wurden damals nicht gefragt, liebe Dora, für wen wir den Kopf hinhalten wollen."
Dora belehrt ihn: „Es hat welche gegeben, die trotzdem für den Massenmörder Hitler nicht den Kopf hingehalten haben."
Mama fällt energisch ein: „Schluß! Ich bestehe darauf."
Karlo holt tief Luft: „Nur eines noch. Weil ich Geburtstag hab, darf ich das einmal in aller Offenheit sagen: Diejenigen, die du meinst, liebe Dora, diejenigen haben den Soldaten meistens wirklich den Kopf gekostet, weil sie nämlich Sabotage betrieben haben. Sabotage gegen das Heer, meine Liebe, in aller Offenheit gesagt, und nicht gegen Hitler, mit dem ich – in aller Offenheit – auch nicht einverstanden war, wie du weißt. Wie du genau weißt."
Es entsteht eine Pause. Betretenes Schweigen. Dann sagt Dora fast tonlos: „Weil du Geburtstag hast, sag ich nichts drauf. Obwohl ich genau weiß, daß das eine ganz konkrete Anspielung war."
Helen lacht hysterisch auf: „Ich bitt euch wirklich! Das ist jetzt so lang her alles – und außerdem ist heute wirklich nicht der Tag, um solche Themen … und außerdem kennen wir die Gespräche ja schon in- und auswendig."
Dora nimmt sich zusammen: „Du hast recht." Dora greift nach ihrem Glas und prostet Karlo zu: „Ich bin froh, jeden-

falls, glaub mir, daß es dich nicht den Kopf gekostet hat und daß wir dich in bester Verfassung in unserer Mitte haben und heute feiern können. Ad multos annos, lieber Karlo!"
Erleichterung macht sich in der Runde breit. Alle erheben ihre Gläser und prosten Karlo zu. Während noch geprostet und getrunken wird, geht die Tür auf und Ernstl kommt herein: „Da komm ich ja zum richtigen Augenblick. Wie aufs Stichwort."
Er geht zu Karlo, nimmt das Glas der in der Nähe sitzenden Dora und stößt mit Karlo, der aufgestanden ist, an: „Lieber Karlo: Zuerst natürlich bitte ich um Entschuldigung wegen der Verspätung. Aber dafür hab ich sozusagen einen Nachholbedarf an Glückwünschen, und so wünsch ich dir tausendmal – nein zehntausendmal Glück!"
Nun wird allgemein noch einmal geprostet. Mama übertrumpft Ernstl: „Hunderttausendmal!" Otto übertrumpft Mama: „Zweihunderttausendmal!"
Karlo resümmiert: „Eine Glücksauktion."
Alle lachen glücklich.
In gelöster Stimmung verläuft auch das weitere Essen, bis sich zum Höhepunkt des Abends alle Geburtstagsgäste vor dem Fernsehapparat versammeln, um die Nachrichten zu verfolgen. Das Deckenlicht wurde abgedreht, nur Licht und Schatten des bewegten Fernsehbildes legen sich auf die jetzt angespannten Gesichter.
Im Bild ist der Nachrichtensprecher, der seinen Text verliest: „Heute im Laufe des Tages wurde erst das ganze Ausmaß der Volkserhebung in unserem Nachbarland Ungarn deutlich. Es steht fest, daß der Aufstand der Studenten, Intellektuellen und Arbeiter vom Dienstag insoferne zum Erfolg geführt hat, als heute die Regierung umgebildet wurde, und zwar unter dem neuen Ministerpräsidenten Imre Nagy, einem liberal eingestellten Kommunisten. Außerdem haben sich die russischen Besatzer heute aus dem Zentrum Budapests zurückgezogen. Dieser Teilerfolg mußte aber am Dienstag teuer erkauft werden: Angehörige des Staatssicherheitsdienstes, die sogenannten AVOS, gingen mit Maschinengewehren gegen friedliche Demonstranten vor und richteten unter ihnen ein Blutbad an. Als sich darauf hin die Demonstranten zur Wehr

setzten und dabei auch Unterstützung von überlaufenden ungarischen Militäreinheiten bekamen, versuchten russische Panzer, den Aufstand niederzuwalzen. Wie heftig diese Kämpfe tobten, illustrieren folgende Bilder und Filme, die zum Teil von Amateurfotografen aus dem Westen, die zufällig Budapest einen Besuch abstatteten, aufgenommen wurden."

Es werden Passagen aus Filmen gezeigt: Panzer rollen gegen Barrikaden, Jugendliche flüchten, dazwischen Leichen auf den Straßen, zerschossene Fassaden, ein Student rennt mit bloßen Fäusten gegen einen Panzer an.

Ernstl, Dora und Karlo ist es anzumerken, wie schwer es ihnen fällt, Kommentare zu unterdrücken. Helen und Mama aber können sich nicht zurückhalten. Zuerst Helens Diskant: „Nein, entsetzlich." Dann Mamas weinerliche Stimme: „Die armen unschuldigen Menschen. Wieder Krieg, wieso denn schon wieder Krieg. Lieber Gott, ich bitt dich …"

Der Nachrichtensprecher erscheint wieder auf dem Bildschirm: „In Österreich wurde heute unterdessen die Regierung zu einer Krisensitzung zusammengerufen. Nach der Sitzung gab Bundeskanzler Dipl.-Ing. Julius Raab bekannt, daß das Bundesheer in Alarmbereitschaft versetzt worden sei. Außerdem wurde der Patrouillendienst durch Grenzschutz und Gendarmerie an der österreichisch-ungarischen Grenze verstärkt. Im übrigen forderte der Regierungschef die Österreicher auf, sich durch übertriebene Zeitungsmeldungen nicht in Panik versetzen zu lassen. Die Regierung sei auf alle Eventualitäten gut vorbereitet. – In Moskau wurde heute bekannt, daß der Außenminister der UdSSR Anastas Mikojan den für die nächsten Tage geplanten Österreich-Besuch wahrscheinlich verschieben muß …"

Otto und Karlo beginnen höhnisch zu lachen.

*

Der Abend ist schon weiter fortgeschritten, als sich – comme il faut – die Herren zu einer eigenen Runde in die Bibliothek zurückziehen. Mokka und Cognac sind bereits serviert. Man sitzt in bequemen Fauteuils.

Durch die offene Tür zum Wohnzimmer kann man die Damenrunde erkennen, die dem Likör zuspricht.
Otto spricht Karlo an: „Sag einmal, apropos: Wer mäht euch denn die Wiesen in Vöslau. Das ist doch eine Viechsarbeit, das kannst ja gar nicht allein ..."
Karlo macht eine „Gott-behüte"-Geste: „Unmöglich. Ich häng ja im Geschäft so knietief drin, daß ich oft nicht einmal am Sonntag Zeit hab, aufs Land zu fahren. Die Helen nützt's viel mehr aus, unser Haus draußen."
Otto zieht anzüglich seine Schlüsse daraus: „Und so bist du Sonntag immer Strohwitwer in Wien. Verdächtig, verdächtig."
Alle schmunzeln wissend. Ernstl will den lockeren Ton mitmachen: „Ja: die bessern ältern Herrn ..."
Karlos Stimme ist plötzlich wieder schneidend: „Die passen dir wohl nicht, die bessern Herren. Alle können aber nicht Proletarier sein."
Ernstl will keinen Streit: „Aber, aber."
Karlo ist nicht mehr zu bremsen: „Also bitte, Scheinheiligkeit is schon recht, aber wir wollen nicht so tun, als ob die Zeit stillsteht, nur weil ich den Fünfziger feier. Und als ob nichts gewesen wär. Zum Beispiel voriges Jahr, als uns die Russen, deine Freund, haben das Haus zurückgeben müssen, und das war kein Haus mehr, sondern ein Saustall. Und wir wollen nicht so tun, als ob ihr nicht schon früher die Möglichkeit gehabt hättets, die Dora und du, bei den Russen ein gutes Wörterl einzulegen hinsichtlich der Rückgabe des Hauses. Aber es war ja eure schönste Stunde, als der kapitalistische Teil der Familie enteignet worden ist. Aber jetzt, mein über alles geliebter Schwager, hat sich's eben ausgekummerlt."
Karlos Stimme ist unwillkürlich so laut geworden, daß im Nebenraum die Damen auf die Herrenrunde aufmerksam wurden. Dora hat sich als erste der offenen Bibliothekstür genähert und hört mit zusammengezogenen Augenbrauen zu, wie Karlo immer lauter wird: „Jetzt muß man wieder mit ehrlicher Arbeit dazuschaun, daß man zu was kommt. Und nicht mit dem Enteignen."
Dora sagt, noch immer im Türrahmen stehend, mit bedrohlich ruhiger Stimme: „Oder durch Erbschaft."

Ernstl macht eine beruhigende Geste zu Dora hin: „Dora. Wir sind heute alle ein bissl überdreht. Findets ihr nicht. Die Tagesereignisse ..."
Nun verliert Otto die Nerven: „Das ist aber wieder ein besonderes Ruhmesblatt für eure Russen, was da in Ungarn geschehen ist. Panzerbolschewismus. Das kennen wir ja: Sonst gibts keine Argumente für die Russen als brutale Gewalt."
Ernstl gelingt es, nicht die Nerven zu verlieren: „Jetzt erklärts mir aber bitte, wie ist das? Sollen die Russen ihre Hände in den Schoß legen, während die Amerikaner mit ihrem CIA durch systematische Wühlarbeit die ganze Welt unter ihre Herrschaft bringen dürfen?"
Karlo hingegen ist noch erregter als zuvor: „Was hat das bitte mit Ungarn zu tun?"
Otto zu Karlo: „Jetzt wird er dir gleich erklären, daß der Aufstand nur ein CIA-Putsch ist."
Ernstl seufzt. Er spricht jetzt in einem Crescendo: „Also bitte: ein paar klärende Worte. John Foster Dulles hat heuer im Frühjahr zu einer Offensive gegen den Weltkommunismus aufgerufen. Seitdem bringt Radio Free Europe in allen Sprachen des Ostblocks mindestens dreimal täglich Aufrufe zum Widerstand gegen die Russen. Dabei wird den Aufständischen jede Hilfe aus dem Westen zugesagt. In der Nacht von gestern auf heute gab es Lufttransporte von Propagandamaterial, Funkgeräten und wahrscheinlich Waffen aus München nach Ungarn. Bewaffnete Aufständische – woher hatten sie denn die Waffen, bitte – haben heute Tausende Meuchelmorde an Anhörigen des Staatssicherheitsdienstes verübt. Ein Fotoreporter unserer Redaktion hat heute abend schon Bilder geliefert – Bilder, die einem den Magen umdrehen. Abgeschnittene Ohren, Nasen, Extremitäten ..."
Mama, die jetzt mit den anderen Frauen in die Bibliothek gekommen ist, fährt Ernstl an: „Mein Gott, muß das sein, diese schamlosen Übertreibungen! Daß ihr vor nichts zurückschreckt!"
Ernstl beherrscht: „Du kannst dir die Bilder morgen in der ‚Volksstimme' anschauen, Mama."
Otto schaltet sich ein: „Und wenn schon, die AVOS, das waren ja die Schlimmsten. Folterknechte."

Ernstl ruhig: „Von wem weißt du das?"
Otto: „Konnt man doch überall nachlesen."
Dora fährt dazwischen: „Im Westen."
Ernstl, immer um Ausgewogenheit bemüht: „Es mag Mißstände gegeben haben. Wo nicht? Der Unterschied ist nur, daß zum Beispiel der Zentralsekretär der ungarischen KP noch gestern Selbstkritik geübt hat, während die Amerikaner die reinsten Heiligen sind. Oder habt ihr schon jemals von denen gehört, sie hätten irgend etwas falsch gemacht? Oder sie wären auf ihren Vorteil als Wirtschaftsmacht aus?"
Karlo höhnt: „Und das soll jetzt beweisen, daß der CIA in Ungarn mitmischen würde?"
Ernstl weiterhin nüchtern: „Nicht direkt, vielleicht."
Otto nun im Stile Karlos offen höhnend: „Das ist typisch: vielleicht und indirekt und so was ..."
Ernstl redet mit Otto wie mit einem Kind, das schwer begreift: „Jetzt erzähl ich dir was: Seit gestern wimmelt es in Wien nur so von Exilungarn aus dem Westen. Heute am Abend hab ich einige davon beobachtet, wie sie ihren Sieg feierten. *Ihren* Sieg. Und weißt du, womit sie den Champagner, den sie sich geleistet haben, bezahlten? Mit Dollars."
Karlo lauernd, angespannt: „Wieso hast du die beobachtet?"
Ernstl: „Ich habe recherchiert."
Karlo geifert: „Du meinst spioniert?"
Ernstl: „Nenn es, wie du willst."
Karlo kanzelt ihn ab: „Daß du dich nicht schämst. Ein Schnüffler. Ein Schnüffler im Solde des Weltkommunismus. Und gegen die Interessen seines eigenen Vaterlandes. Pfui Teufel!"
Man könnte eine Stecknadel zu Boden fallen hören, so still ist es nun im Raum. Nach einigen Sekunden rafft sich Dora auf. Sie geht zu Ernstl, legt ihm die Hand auf die Schulter und sagt: „Komm, wir gehen."
Ernstl steht wortlos auf und geht mit Dora hinaus.

28. Oktober 1956

Dora, einen Schlafrock über dem Nachthemd, steht am Herd und gießt kochendes Wasser mit einem Schöpfer in die bereitstehende Karlsbader Kaffeemaschine. Aus dem Badezimmer, das jenseits des Ganges liegt und zu dem die Türe offen ist, hört man Ernstls Gurgeln beim Mundausspülen.
Das Radio ist eingeschaltet, es gibt ein Morgenkonzert.
Ernstl kommt aus dem Badezimmer, geht durch die Küche und tritt ans Fenster. Er hat eine Pyjamahose und ein Unterleiberl an. Mit Blick nach draußen, den Vorhang etwas beseiteschiebend, sagt Ernstl: „Ein Prachttag. Heut müßt man irgendwo hinausfahren." – „Und warum tun wir's nicht? Wo doch Sonntag ist."

*

An diesem strahlenden Herbsttag parken auf einer Lichtung im Wienerwald, zu der ein Forstweg führt, zwei Autos. Aus dem Wald kommen zwei Wanderer. Sie gehen sehr langsam, man merkt, daß es ihnen nicht auf das Wandern ankommt, sondern auf die Unterhaltung, die sie führen. Sie bleiben stehen, weil der eine von beiden offenbar etwas ganz Wichtiges zu erklären hat. Der andere nickt. Dann gehen sie weiter, auf die Autos zu.
Beim Näherkommen erkennt man ihre Gesichter. Es sind Kelemen und Jelemensky. Nun hört man auch, was sie sagen. Kelemen schließt einen Satz ab: „Gut. Ich gehört von diesem Kapitän auf Donau. Vielleicht der kann machen."
Jelemensky klopft ihm auf die Schulter: „Es wird schon irgendwie gehen." Dann schmunzelt er. „Die Erfolgsmeldung krieg ich sowieso auf direktem Weg vom Ernstl Bach. Also: Freiheit, Genosse!"
Sie geben einander die Hand. Dann steigen sie in die Autos ein.
Die Autos fahren in einem Abstand die Straße entlang.

*

Zu dieser Zeit hat Dora auf dem Küchentisch schon für das Frühstück gedeckt. Sie und Ernstl, der mittlerweile ein Hemd angezogen hat, essen gerade und hören dabei die Frühnachrichten: „... wurde von der Gendarmerie beobachtet, daß schon in den Morgenstunden Autobusse und Privatfahrzeuge mit Sonntagsausflüglern in Richtung burgenländisches Grenzgebiet unterwegs waren. Die Behörden machen darauf aufmerksam, daß trotz der gegenwärtig sehr großzügig gehandhabten Grenzkontrollen durch die Ungarn eine Einreise nach Ungarn ohne gültigen Reisepaß unmöglich ist und für die Betreffenden große Unannehmlichkeiten mit sich bringen kann. – Das waren die 9-Uhr-Nachrichten. – Und nun die Übertragung des Sonntagsgottesdienstes aus der Melker Stiftskirche ..."
Dora beeilt sich, den Apparat abzuschalten. Ernstl schüttelt den Kopf· „Wenn das in einer Kabarettnummer vorkommt, kann ich gar nicht lachen. Jetzt wird aus der ungarischen Katastrophe sogar eine Sehenswürdigkeit gemacht! ‚Gemma Grenze schaun!'"
Dora traut sich nicht zu sagen, was sie auf dem Herzen hat, drückt herum, überwindet sich aber dann doch: „Haben wir nicht auch – ich mein – sogar du, hast du nicht auch gsagt, heut müßt man irgendwo hinausfahren?"
Ernstl ahnt Schreckliches: „Aber doch wohl nicht an die Grenze."
Dora tastet sich vor: „Nicht wegen der Grenze ... sondern ..."
Jetzt versteht Ernstl: „Jakob! Ich versteh alles. Du willst dein Putzi kontrollieren, ob es wohl warme Unterhosen anhat an der Front." – „Sei nicht zynisch." – „Aber es wird dir wohl klar sein, daß du dich lächerlich machst, wenn du ..."
Dora tritt den Rückzug an: „Ich hab mir ja nur erlaubt anzudeuten, daß wir vielleicht ..."
Ernstl pragmatisch: „Im übrigen haben wir zu Mittag eine Verabredung mit Eder – hast du selbst ausgemacht –, und um drei Uhr hab ich Gebietsleiterbesprechung im Bezirk."
Dora gibt auf: „Ich sag eh schon nichts mehr. – Übrigens: Der

Eder muß dienstlich an die Grenze, hat er mir gestern gsagt ..."
Ernstl schaut Dora liebevoll lächelnd an: „Und warum fahrst nicht mit ihm?"

*

Ernstl, Eder und Dora sitzen am späten Vormittag dieses Sonntags an einem Tisch in einem Wiener Vorstadtcafé, vor sich Kaffeeschalen, die aber schon leer sind. Eder ist dabei, seine Fahrt an die Grenze zu erklären: „Wir haben halt das größte Interesse daran – ich meine: wir Österreicher –, dem Ausland gegenüber zu demonstrieren, daß wir unsere Grenzen zu Ungarn sauber halten. Also wurden die Militärattachés eingeladen, heute nachmittag den Einsatz des Bundesheeres im Burgenland zu inspizieren."
Ernstl gibt sich damit noch nicht zufrieden: „Und was machst du dabei?"
Eder gibt sich jetzt eher zugeknöpft: „Nur als Beobachter. Für den ÖGB."
Dora legt Ernstl ihre Hand auf die Schulter und sagt einschmeichelnd: „Ich glaub, der Gewerkschaftsbund braucht mindestens zwei Beobachter. Was sagst du?"
Ernstl erklärend zu Eder: „Was die gute Dora inspizieren will, ist ihren armen Jakob, der in Nickelsdorf die Wacht gegen den Osten hält."
Eder zu Dora: „Wenn du willst, kannst gern mitkommen."
Und zu Ernstl: „Was ist mit dir?"
Ernstl: „Parteiarbeit."
Dora: „Er ist nämlich mit der Partei verheiratet."
Ernstl findet diesen Einwurf zwar nicht lustig und auch nicht passend, sagt aber nichts.
Der Ober kommt vorbei, und Eder ruft ihm zu: „Zahlen, bitte!"
Vor dem Café gehen die drei auf Eders Auto zu. Eder ist am Wort: „Die große Unbekannte in dieser weltpolitischen Rechnung ist doch, wie sich die Russen weiter verhalten werden." Er wendet sich an Ernstl, bemüht beiläufig: „Was sagst du?"

Ernstl hebt nur die Schultern: „Und die Amerikaner? Wenn man Radio Free Europe glauben darf, dann sind die Amis mit dem Imre Nagy noch lange nicht zufrieden, weil er ihnen noch immer zu kommunistisch ist."
Eder legt den Kopf zur Seite: „Die Amis sind weit weg."
Ernstl schüttelt den seinen: „In München. Und ihr Wiener Stoßtrupp, die Exilungarn, wird von Tag zu Tag stärker."
Eder wegwerfend: „Operette."
Ernstl: „Mag sein. Aber ein Instrument, auf dem der CIA bequem spielen kann. Und der setzt alles dran, damit man in Ungarn nicht beim Titoismus stehen bleibt, sondern überhaupt zum Kapitalismus überläuft. Der angekündigte Austritt aus dem Warschauer Pakt ist eh schon der erste Schritt in dieser Richtung."
Eder: „Und das, so glaube ich, können sich die Russen einfach nicht gfallen lassen. Was hört's ihr denn so aus Moskau?"
Ernstl bleibt stehen und mustert Eder, der notgedrungen auch stehen bleibt: „Nichts. Und du aus Washington?"
Eder lacht: „Wir werden das nie lernen, was? Amateurspione. Aber eines kannst mir glauben: Die ‚CIA-Infiltration', von der ihr da träumts, geht über das Amateurstadium wirklich nicht hinaus. An der Grenze haben s' ein paar von diesen ungarischen Kameradschaftsbündlern erwischt, wie sie in Rucksäcken alte faschistische Zeitungen nach Ungarn bringen wollten. Die einzige wirkliche Aktivität von den Freiheitskämpfern ist, daß sie die CIA-Gelder da in Wien versaufen und verfressen."
Dora und Ernstl lächeln zwar, aber ihre Skepsis kommt dennoch zum Ausdruck.

*

Eine Stunde danach fährt Eders VW-Käfer eine Straße im Burgenland entlang. Autobusse kommen entgegen. Kinder winken aus einem Autobus. Dora winkt zurück. Dann schweift ihr Blick über die sonnendurchflutete Herbstlandschaft: „Die Welt kann auch unglaublich schön sein."
Eder nickt: „Es kommt alles auf die Optik an."
Dora nach einer Pause in einem anderen Ton: „Aber warum

haben schon wieder so viele Menschen sterben müssen. Junge Menschen. Immer sind's die jungen Menschen, die draufzahlen."

*

Etwa zur selben Zeit haben sich die KP-Gebietsleiter, unter ihnen Ernstl, in dem schmucklos eingerichteten Sitzungszimmer der KP-Bezirksleitung versammelt. Als Wandschmuck fungieren ein Lenin-Porträt und mehrere Plakate der KPÖ.
An der Stirnseite eines u-förmig angeordneten Sitzungstisches hat der Bezirksobmann Platz genommen, neben ihm seine Stellvertreter und der Schriftführer. Die meisten Sitzungsteilnehmer haben Schriftstücke vor sich liegen und blättern darin. Der Bezirksobmann schaut, nachdem er mit seinem Nebenmann noch ein paar Worte flüsternd gewechselt hat, auf und sagt laut: „Wie ist das: Sind wir jetzt vollständig, Genossen?"
Ein paar der Gebietsleiter nicken.

*

Im Burgenland ist der VW-Käfer mit Dora und Eder mittlerweile schon in Grenznähe und fährt auf ein Dorf zu. Eine Gruppe von betrunkenen Ungarn steht am Dorfrand an der Straße und hält das Auto an.
Eder kurbelt das Autofenster hinunter und schaut nach draußen. Ein Ungar hält ihm eine Weinflasche hin und spricht ihn in einem Mischmasch aus deutschen Brocken und Ungarisch an: „(Österreich-Ungarn!) Österreich-Ungarn! Verstehst? Hoch! (Hoch Österreich-Ungarn!)"
Ein zweiter Ungar steht daneben und macht eine erklärende Geste: Er krümmt seine beiden Mittelfinger und hängt sie ineinander: „Freund. Freund."
Eder nimmt die Flasche, trinkt und sagt dann, indem er die Flasche zurückgibt: „Freunde. Ganz klar. Selbstverständlich."
Er nickt grüßend und fährt weiter. Die Ungarn winken ihm nach.
Dora weiß mit diesem Vorfall nichts anzufangen: „Was bedeutet denn das?"

Eders Aufmerksamkeit gilt bereits einer anderen Szene, die man durch die Windschutzscheibe beobachten kann: Im Zentrum des für das Burgenland typischen Straßendorfes steht eine weitere Gruppe von angeheiterten Ungarn mit zwei Gendarmen beieinander. Ein österreichischer Autobus parkt am Straßenrand. Unter den Ungarn befinden sich auch Uniformierte. Einer der Uniformierten reißt gerade demonstrativ den Russenstern von seiner Dienstkappe. Dann entfernt er auch noch seine Achselklappen. Er überreicht beides mit einer Verbeugung den Gendarmen.
Diese Überreichung ist begleitet von Applaus aller Umstehenden, offenbar auch der zuschauenden Österreicher. Eder fährt im Schrittempo an der Gruppe vorbei. Nachdem sie die Gruppe, der sie zugelächelt haben, hinter sich gelassen haben, meint Eder mit sauerem Lächeln: „Das ist es eigentlich nicht, was wir den Militärattachés zeigen wollen. Das ist eine mittlere Katastrophe."

*

In Wien ist die Sitzung der KP-Bezirksfunktionäre schon in ein Diskussionsstadium eingetreten, in dem der Bezirksobmann ein Resümee zieht: „Der Mitgliederschwund, Genossen, der euch so bedrückt, der ist doch in Wirklichkeit, und so sieht es übrigens auch das ZK, das habts ihr alle in euren Unterlagen, der ist doch in Wirklichkeit so etwas wie eine innere Säuberung. Ein g'sunder Prozeß in Wirklichkeit. Weil wir die ganzen Opportunisten loswerden, die nur bei uns waren, solange wir noch was materiell zu bieten gehabt haben. Und solange sie geglaubt haben, daß sie unter dem Schutz der russischen Besatzungsmacht stehen. Na: Ich brauch euch das nicht lange erklären, diese Typen, die sind ja schon voriges Jahr nach dem Abzug der Russen langsam abgebröckelt, und jetzt erst recht, wo sie Angst haben, daß in Ungarn der Endsieg des Kapitalismus bevorsteht und daß dann ein Kommunist so gut wie vogelfrei ist."
Der Bezirksobmann spricht sich gleichsam selbst Mut zu: „Aber das ist natürlich lächerlich. Lächerlich. Und das sagen die Genossen vom ZK auch ..."

*

Der VW-Käfer mit Dora und Eder nähert sich zu dieser Zeit einer Grenzstation. Der Schlagbaum ist offen, Ungarn passieren die Grenze in beiden Richtungen.
Eder hält das Auto an und reversiert. Dann fährt er in einer anderen Richtung weiter.
Bald darauf taucht vor der beiden Blickfeld ein anderes Dorf auf. Am Dorfrand hat eine Einheit des Bundesheeres mit Panzerfahrzeugen Stellung bezogen. Rund drei Dutzend Soldaten stellen sich bei einer „Gulaschkanone" zur Essensausgabe an.
In der Schlange der Wartenden befindet sich auch Jakob. Er schaut auf seine Armbanduhr und mault dann in Richtung des vor ihm Stehenden: „Scheißverein. Gleich drei Uhr und noch immer kein Essen."
Ein anderer Rekrut macht sich einen Reim darauf: „Wenn die Russen das Knurren von mein Magen hören, kriegn s' die Panik."
Die Umstehenden lachen. Dies fällt einem Hauptmann, der bei der Gulaschkanone steht und die Menageausgabe überwacht, auf. Unter seinem rügenden Blick verstummt das Lachen.
Jakobs Blick fällt auf den VW-Käfer, der in der Nähe hält. Als Dora aussteigt, entfährt Jakob ein: „Nein!"
Dann kehrt er Dora sofort den Rücken zu. Ein Nebenstehender fragt: „Was: nein?"
Jakob versucht, seinen Ärger zu verbergen: „Nichts. Nur so."
Dora und Eder nähern sich den wartenden Soldaten. Jakob möchte in den Boden versinken.
Dora erkennt ihren Sohn, obwohl ihr dieser den Rücken zukehrt. Mit einem freudigen Lächeln auf den Lippen eilt sie auf Jakob zu: „Jakob!"
Eder ist zurückgeblieben. Der Hauptmann wird auf Dora aufmerksam. Als Dora schon fast bei Jakob ist, nähert sich den beiden auch der Hauptmann. Dora ist bei Jakob angelangt: „Jakob."
Da sich dieser nicht umdreht, faßt sie ihn beim Rockärmel. Die Umstehenden schmunzeln. Jakob bleibt nichts mehr an-

Dora Bach und Gewerkschaftssekretär Eder (Fritz Grieb) an der „Front" im burgenländischen Grenzgebiet

deres übrig, er muß sich umdrehen. Er versucht, freudige Überraschung zu spielen: „Ja? Ach …"
Dora merkt nun, daß Jakob die Situation peinlich ist: „Ich bin ganz zufällig … Du … Wie gehts dir?"
Jakob zwingt sich zu einem Lächeln, während er achselzukkend sagt: „Siehst eh …"
Dora merkt die hämischen Blicke der anderen: „Du brauchst keine Angst zu haben: Ich bin nur zufällig … Ich muß sowieso gleich weiter, weil der Manfred Eder …"
Der Hauptmann ist nun bei Jakob und Dora angelangt: „Das darf doch nicht wahr sein …" Zu Dora gewendet: „Was machen Sie da?"
Dora stammelt: „Ich bitte um Entschuldigung, aber ich bin die Mutter …"
Der Hauptmann stemmt die Hände in die Hüften: „Das darf doch wohl nicht wahr sein … Ich darf Sie darauf aufmerksam machen, daß das hier kein Mädchenpensionat mit öffentli-

chen Besuchszeiten für besorgte Eltern ist. Sie haben es hier mit einer Armee im Einsatz zu tun, daß das klar ist!"
Einige Soldaten können das Lachen kaum verbeißen. Jakob stellt sich nun vor seine Mutter. Lauter, als es ihm zukommt, richtet er das Wort an den Hauptmann: „Was ist denn schon dabei, Herr Hauptmann. Sie ist zufällig hier vorbeigefahren und hat mich ..."
Der Hauptmann zischt Jakob an: „Sie sind nicht gefragt!"
Dann barsch an die Adresse Doras: „Sie verlassen sofort den Einsatzbereich!"
Dora würde sich mit dem Hauptmann anlegen, wenn Jakob nicht wäre: „Sie brauchen gar nicht so zu brüllen. Was ist denn schon passiert. Ich hab ja nur ... ach was. Also Jakob, machs gut."
Dora zieht sich zurück.
Der Hauptmann wendet sich wieder Jakob zu: „Und Sie melden sich heute abend bei mir zum Rapport!"
Jakob nimmt Haltung an: „Jawohl, Herr Hauptmann!"
Der Hauptmann geht wieder zur Gulaschkanone.
Als der Hauptmann außer Hörweite ist, stößt Jakob zwischen den Zähnen hervor: „Faschist!"

*

In Wien ist die Sitzung währenddessen bereits beendet. Ein paar Funktionäre sind schon gegangen, die anderen packen ihre Schriftstücke zusammen. Ein Gebietsleiter, der neben Ernstl gesessen ist und schon gehen will, richtet noch einmal das Wort an Ernstl: „Gehst noch mit auf ein Bier?"
Ernstl schüttelt den Kopf: „Du, ich muß noch ins Parteilokal. Bin die ganze Woche nicht dazugekommen. Hab noch keine Post ang'schaut und nichts."
Der andere nickt und grüßt im Weggehen: „Freiheit, Servus."
Vor jenem Gemeindebau, in dem das Parteilokal sich befindet, sperrt etwas später Ernstl den Schaukasten neben der Eingangstür auf. Er nimmt ein altes Plakat, das neben der ersten Seite der „Volksstimme" an das Anschlagbrett geheftet war, herunter und befestigt mit Reißnägeln zwei neue Plaka-

te. Das eine ruft zur Gedenkfeier für die Opfer des Faschismus am 1. November auf und das zweite zur Kundgebung anläßlich des Jahrestages der Oktoberrevolution am 9. November im Wiener Messepalast.
Durch die offene Tür zum Parteilokal hört man die Telefonklingel. Ernstl eilt hinein, nimmt den Hörer ab und meldet sich: „Gebiet fünf, Bach. Bitte? – Wer? Bitte?" Er redet ungarisch weiter. („Bitte wer? – Wieso? – Ich weiß schon, wer Sie sind, aber wieso ...? Gut, ja, ich komme. Zehn Minuten.")
Ernstl vergißt fast, den Mund zuzumachen, und auch den Hörer legt er im Zeitlupentempo wieder hin.
Kurz darauf betritt Ernstl die Gaststube eines ziemlich einsam gelegenen Gasthauses an der Donau in Wien. Er schaut sich um und entdeckt unter den ganz wenigen Gästen Kelemen. Er geht zu dessen Tisch. Während er sich setzt, sagt er: „Bevor ich Sie frage, was Sie wollen ..."
Kelemen fragt gespielt naiv auf ungarisch: („Sind wir wieder per Sie?")
Ernstl förmlich: („Es ist mir lieber. Wie sind Sie zu meiner Telefonnummer ...")
Kelemen unterbricht ihn: („Ach so. Ein Kollege im ‚Teddy' hat Sie erkannt. ‚Volksstimme'-Redakteur. Und der Portier von der ‚Volksstimme' hat mir gesagt, Sie sind Sonntag nachmittags immer in der Sektion. Ganzes Geheimnis.")
Ernstl gibt sich mit der Erklärung zufrieden: („Und was wollen Sie?")
Kelemen trocken: („Ich kann Ihnen den Beweis liefern, daß es Waffenlieferungen nach Ungarn über Wien gibt.")
Ernstl reagiert so heftig, daß es ausschaut, als würde er erschrecken. Unwillkürlich spricht er wieder deutsch: „Was? – Waffen? Aber wieso wollen Sie plötzlich ...?" Er setzt auf ungarisch fort: („Warum willst du plötzlich gegen deine Landsleute ...?")
Kelemen wiederholt bitter: („Landsleute! Wie ich vor zwei Monaten in den Westen gekommen bin, hab ich geglaubt, hier warten Demokraten auf mich. Jetzt weiß ich: das sind Faschisten, oder gar Monarchisten. Verstehst du: Was hab ich mit Herrn Habsburg zu tun oder Herrn Esterhazy, fürstliche

Ernstl Bach (Joachim Bissmeier) und Kelemen (Andreas Gönczöl) in einem Gasthaus in der Nähe des Donauhafens

Gnaden, oder Herrn Horthy, den der Teufel holen soll? Ich bin Demokrat, verstehst du. Und die wollen nur eine Diktatur durch eine andere ersetzen. Durch eine schlimmere, wahrscheinlich. Diktatur der Großgrundbesitzer!")
Ernstl denkt einige Augenblicke nach, während der er Kelemen mustert. Dann nickt er und fragt: („Und wie soll der Beweis ausschauen?")
Kelemen atmet auf: („Wart ein bisserl, Freund, bis es ganz finster ist. Dann gehen wir in den Hafen.")
Ernstl glaubt zu verstehen: („Ungarische Donauschiffer?")
Kelemen nickt.
Auch Ernstl nickt.

*

Nachdem es dunkel geworden ist, drücken sich beide an einer aufgelassenen Lagerhalle im Donauhafen entlang bis zum Eingang, durch den sie dann verschwinden. Kelemen, hinter

ihm Ernstl, schleicht im Inneren vorsichtig von einem Lagerraum in den anderen. Als er flüsternde Stimmen hört, bleibt er stehen. Er zeigt auf ein Fenster in einer Trennwand und flüstert Ernstl zu: („Dort kannst du alles sehen. Und vergiß nicht: Wenn dich jemand sieht, redest du englisch.“)
Kelemen geht durch eine Tür in den Nebenraum.
Ernstl schleicht zum Fenster und schaut in den Nebenraum. Drei Männer sind dort damit beschäftigt, Maschinengewehre in Kisten zu verpacken, auf denen das Rotkreuzzeichen aufgemalt wurde.
Kelemen redet auf die Arbeiter ein. Seine Worte sind durchs Fenster zu verstehen: („Ihr müßt euch beeilen. Der Kapitän will noch in der Nacht in Budapest sein.“)

*

Kelemen und Ernstl verlassen einige Minuten später auf leisen Sohlen wieder die Lagerhalle und nähern sich dann einem Schlepper, der im Hafen ankert. Kelemen bleibt stehen und gibt Ernstl die Anweisung: („Warte hier.“)
Kelemen geht weiter zum Steg. Ernstl pirscht sich näher an den Kahn heran. Er versucht den Namen des Schiffes am Bug zu lesen. Als er nahe genug herangekommen ist, notiert er den Namen. Dann wird Ernstls Aufmerksamkeit durch Stimmen abgelenkt, die nur undeutlich zu hören sind. Ein Satzfetzen ist aber verständlich: („Ladung unterwegs ...“)
Ernstl schleicht sich davon. Er hat genug gesehen.

*

Das Extrazimmer eines burgenländischen Gasthauses ist als provisorischer Heeresbefehlsstand eingerichtet: auf einem Tisch ein Telefon, in der Ecke ein Feldbett.
Jakob steht vor dem Hauptmann stramm, der in der Mitte des Raumes auf einem einzelnen Sessel sitzt. Vor dem Telefon ein Unteroffizier. Der Hauptmann beendet eben seine Standpauke für Jakob in einem etwas milderen Ton: „Ich will das noch einmal hingehen lassen – ein grünes Gemüse, wie ihr schon einmal seids, ohne richtige Ausbildung, und überhaupt – ein schwacher Jahrgang, wenn ich an früher denk. Aber wo-

Waffenschmuggel in Rotkreuzkisten – die heikle Fracht für Budapest wird vorbereitet

her sollt ihr's denn auch haben. Also: Merken Sie sich – Muttersöhnchen gewinnen gegen die Russen keinen Krieg."
Der Hauptmann macht eine Geste, die andeuten soll, Jakob könne verschwinden. Dieser überlegt kurz und sagt dann: „Bitte gehorsamst, Herr Hauptmann, etwas fragen zu dürfen."
Der Hauptmann mustert Jakob streng: „So weit kommt's noch." Dann ergänzt er belustigt: „Aber weil's mich interessieren tät."
Man sieht es Jakob an, daß er seinen ganzen Mut zusammennehmen muß: „Glauben Sie ernstlich, daß wir gegen die Russen Krieg führen sollten, wenn sie wirklich kommen?"
Der Hauptmann muß fast lachen über so viel Naivität: „Was glaubst denn, Bürscherl, wozu wir da sind? Zum Daumenlutschen? Ein Heer ist zum Schießen da und für den Krieg." In entschlossenem Ton: „Wenn die Kommunisten kommen, wird geschossen."

Jakob hat einen Unterton in der Stimme, wenn er so arglos fragt: „Wen meinen Sie mit Kommunisten?“
Der Hauptmann lacht auf: „Das weißt du noch gar nicht? Oder stellst dich nur so dumm? Politische Bildung gleich Null.“ Er wendet sich mit einem vielsagenden Blick an den Unteroffizier. Dieser lächelt verständnisvoll. „Da müßt man einmal dreinfahren. Aber bei den heutigen Politikern ...!“ Er macht eine abfällige Geste. „Die machen sich doch an vor den Russen. Dabei muß man denen nur den Herren zeigen, und sie ziehen den Schwanz ein. Das weiß man doch, wenn man Erfahrung mit denen hat. Mit diesen Scheißkommunisten. Das solltest dir merken, du Muttersöhnchen.“
Jakob, mühsam beherrscht: „Darf ich gehorsamst fragen, Herr Hauptmann, warum wir plötzlich befreundet sind, weil Sie du zu mir sagen?“
Der Hauptmann schnappt nach Luft: „Das ... das ...“ Er zeigt zur Tür. „Hinaus! Das hat man davon, wenn man sich mit einem solchen Grünschnabel auf eine Diskussion einläßt. Na warten S'. Ich werd mir einmal Ihren Personalakt vorknöpfen.“
Jakob salutiert und geht.

*

Dora ist wieder zu Hause. Sie sitzt unter einer Leselampe im Wohnzimmer und versucht, eine Zeitschrift zu lesen. Sie bringt aber die Konzentration nicht auf.
Die Wohnungstür wird aufgesperrt. Dora steht auf und geht in Richtung Vorzimmer. Ernstl erscheint in der Wohnzimmertür. Dora seufzt erleichtert auf, sagt dann aber vorwurfsvoll: „Also weißt du ...“
Ernstl ist in einer angeregten Stimmung: „Ich bin voll geständig. Ich hätte wenigstens anrufen können. Aber dort, wo ich die letzten Stunden war, hab ich eben nicht anrufen können. Aber ich kann dich fürs Warten voll entschädigen. Ich bring dir nämlich etwas mit. Eine Weltsensation ...!“
Dora schaut ihn verständnislos an.

1. November 1956

Rund um das Mahnmal für die Opfer des Faschismus haben sich ein paar Dutzend Menschen versammelt, vor allem Männer, die einem Redner zuhören: „... ein Hohn der Geschichte, so kommt uns das heute in diesen Tagen vor, daß wir uns geschworen haben: Nie wieder! Und niemals vergessen! Ein Hohn im Anblick jener Bilder aus Budapest, mit Zeugnissen des wiedererstarkten Faschismus: Schreckensbilder von abgeschlachteten Genossen, Opfer jener revanchistischen Kräfte, die seit ihrer Niederlage im Jahre 45 darauf warten, eine Konterrevolution einzuleiten, um die alten Herrschaftsverhältnisse in Osteuropa wiederherzustellen. Wir brauchen nur unsere ‚Volksstimme' durchzublättern, liebe Genossen, um dem wahren Gesicht des Faschismus in den abgebildeten Fotos aus Ungarn ins Auge zu blicken. Meuchlings ermordete volksdemokratische Sicherheitsorgane, und dann noch deren geschändete Leichen. Und heute ..."
Unter den Zuhörern befinden sich auch Dora und Ernstl . Dora hängt sich bei Ernstl ein und schmiegt sich an ihn. Ein nebenstehender Genosse wechselt mit Ernstl einen vielsagenden Blick, während der Redner mit erhobener Stimme fortfährt: „... gibt es keinen Zweifel mehr, wo die Drahtzieher dieser Greueltaten zu suchen sind, da die ‚Volksstimme' in der Lage war, die ganze Wahrheit aufzudecken." Ein anderer Genosse applaudiert Ernstl zu. Der Redner fährt fort: „Es sind dies die Marionetten des US-Geheimdienstes CIA, die Emigrantenorganisationen der Ungarn, deren Ziele und Gesinnung uns ja längst bekannt sind: Ob das nun die Monarchisten sind mit ihrem königlichen Offiziersstab in Innsbruck oder der Kameradschaftsbund Heiliger Ladislaus oder die Pfeilkreuzler, alle diese reaktionären bis chauvinistischen Vereine werden seit Jahr und Tag bei uns geduldet und können deshalb in aller Ruhe ihr einziges Ziel verfolgen, nämlich den Sturz der Volksdemokratie in ihrer Heimat ..."

Gräberbesucher werden auf die Versammlung aufmerksam und bleiben zuhörend stehen. Ein älteres Ehepaar, beladen mit Chrysanthemensträußen, tritt näher an die Versammlung heran. Die Frau wendet sich fragend an ihren Mann: „Was meint er denn?"
Der Mann antwortet provokant laut: „Merkst denn nit, woher der Wind waht? Kummerln. Die solln doch endlich ihren Huat nehmen und zu ihrem Freund Iwan verschwinden, das Gsindel, das politische."
Der Redner merkt nichts von der Störung und setzt unbeirrt fort: „Die Reaktion erhebt überall mit Macht ihr Haupt, und der Klassenfeind glaubt, daß seine Stunde wieder gekommen sei. Aber sie alle haben nicht mit der Entschlossenheit der großen russischen Partei und des Sowjetstaates gerechnet ..."
Ein weiterer Passant meldet sich zu Wort. Er ruft: „Die Entschlossenheit kenn ma ja. Zehn Jahr lang habn mir sie genießen dürfen, die russische Entschlossenheit."
Nun stockt der Redner. Dora will sich der Konfrontation stellen und hat schon den Mund zu einer Erwiderung aufgemacht, doch Ernstl hält ihr den Mund zu und macht eine beschwichtigende Geste.
Einige Augenblicke lang weiß niemand, wie es weitergehen soll. Die Versammlungsteilnehmer halten sich im Zaum.
Dann beschließen die Provozierer, ihren Weg fortzusetzen.
Der Redner ergreift wieder das Wort: „Ich danke euch, Genossen, für euer diszipliniertes Verhalten. Recht so: Nit einmal ignorieren die Dummköpfe."
Alles atmet auf.

*

Gegen Mittag des 1. November sind Ernstl, Dora und zwei weitere Genossen im Parteilokal damit beschäftigt, Propagandamaterial zu kuvertieren. Plötzlich wird von draußen an die Tür geklopft, alle schauen auf, und Ernstl ruft: „Ja?"
Die Tür geht auf, und drei Polizisten betreten das Lokal.
Ernstl steht auf, seine Stimme drückt Anspannung aus: „Sie wünschen?"

Dora und Ernstl Bach müssen zusehen, wie auch das „Volksstimmen"-Exemplar im Glaskasten vor dem Parteilokal beschlagnahmt wird

Einer der Polizisten salutiert lässig, nimmt ein Schriftstück zur Hand und hält es Ernstl entgegen: „Beschlagnahme. Pressegerichtlicher Bescheid."
Ernstl nimmt und liest: „Die Republik Österreich begehrt … ‚Volksstimme' vom 1. November 1956 …"
Nun stehen auch Dora und die beiden Helfer auf und schauen Ernstl über die Schulter: „Im Interesse der Klaglosigkeit der Amtshandlung fordere ich sie auf …"
Ein Genosse schüttelt den Kopf: „Das darf doch nicht wahr sein."
Dora erhebt ihre Stimme in Richtung Polizisten: „Das ist typisch! Die Wahrheit will man beschlagnahmen. Und dann ist es keine Wahrheit mehr, was!?"
Der Polizist salutiert wieder lässig und gibt anschließend ungerührt seinen Kollegen ein Zeichen, sie mögen mit dem Durchsuchen der Räume beginnen.
Schon bald darauf haben sie etliche Exemplare der „Volks-

stimme“ sichergestellt. Sie sind im Weggehen, als ihrem Wortführer noch etwas einfällt. Er wendet sich an Ernstl: „Der Schaukasten draußen. Um ein Haar hätt ich den vergessen. Kommen S' mit.“ Als dann die Polizisten und Ernstl vor dem Schaukasten stehen, weist der Wortführer auf das Vorhängeschloß des Schaukastens und fragt Ernstl: „Also Sie weigern sich ...?“
Ernstl mit deutlichen Anzeichen der Verachtung: „Wie gesagt: leider keinen Schlüssel. Verlegt ...“
Mit einer Kopfbewegung fordert nun der Polizist einen seiner Kollegen auf, etwas zu unternehmen. Gleichzeitig kommt Dora aus dem Sektionslokal. Sie hat Ernstl etwas zu bestellen: „Du sollst gleich in die Redaktion kommen, haben s' angrufen.“
In diesem Moment schlägt einer der Polizisten mit dem Ellbogen die Glasscheibe des Schaukastens ein. Ein anderer Polizist reißt die ausgehängte Nummer der Volksstimme heraus.
Ernstl ist empört: „Das wird euch teuer zu stehen kommen!“
Doras Augen sind weit aufgerissen.

*

Der Chefredakteur, Jelemensky und der Parteisekretär befinden sich im Chefzimmer, als Ernstl – nachdem er hastig angeklopft und ein „Herein“ gar nicht abgewartet hat – eintritt. Der Raum macht einen unordentlichen Eindruck, Schriftstücke liegen auf dem Boden, Laden und Türen von Wandschränken sind offen.
Ernstl gibt allen der Reihe nach die Hand. Nachdem er vorher mit einem Blick die Situation erfaßt hat, sagt er während der Begrüßung: „Also waren sie da auch schon?“
Jelemensky befürchtet eine neue Komplikation: „Was heißt auch?“ – „Das heißt, daß bei mir im Parteilokal auch beschlagnahmt wurde.“
Der Chefredakteur: „Darum gehts ja gar nicht. Bei uns haben s' Unterlagen gesucht.“
Ernstl stellt sich geistig in Positur: „Da hätten sie nur zu mir kommen brauchen. Ich kann alles bezeugen und den Schiffsnamen ...“

Jelemensky unterbricht ihn gebieterisch: „Mußt du dich wirklich so wichtig machen?“
Der Parteisekretär will das Gespräch auf das Wesentliche lenken: „Die Lage spitzt sich zu.“ Doch Ernstl ist von seiner Mission so eingenommen, daß er ihn mißversteht: „Ich nehme alles auf mich. Es wär mir sogar recht, wenn ihr das Redaktionsgeheimnis, was mich betrifft, aufhebt …“
Jelemensky ärgerlich: „Begreif doch endlich: Es geht nicht nur um die Klage der Republik gegen uns …“
Ernstl wirft stolz ein: „Gegen mich de facto.“
Der Parteisekretär setzt sich jetzt durch: „Ungarn hat vor wenigen Stunden eine Neutralitätserklärung abgegeben. Der Herr Imre Nagy und seine Konterrevolutionäre wollen aus dem Warschauer Pakt austreten.“
Ernstl ist offenbar überrascht und beeindruckt: „Nein!“
Der Parteisekretär bekräftigt: „Doch.“

*

Während die Krisensitzung in der Redaktion weitergeht, bereitet sich Dora zu Hause für einen Theaterbesuch vor. Sie hat ein „kleines Schwarzes“ angezogen und steht jetzt vor einem Spiegel, um ihre Frisur in Ordnung zu bringen. Es gelingt ihr nicht, da sie zu nervös ist. Außerdem ist es schon dunkel, was sie erst jetzt richtig wahrnimmt. Sie schaltet das Licht ein und schaut auf die Uhr. Dann geht sie zum Telefon, wo sie die Nummer der Redaktion wählt. Nachdem sich das Sekretariat gemeldet hat, sagt Dora: „Ja, hier Bach. Kann ich meinen Mann – den Ernstl … Was? Dauert noch immer? – Also danke.“
Sie legt den Hörer auf.

*

Gemeint war die Konferenz im Chefzimmer, die noch immer andauert. Die vier von vorhin besprechen weiter die Lage. Der Chefredakteur ordnet Papiere, die er vom Boden aufgehoben hat.
Ernstl richtet das Wort an Jelemensky: „Eins versteh ich

nicht: Du hast gesagt, daß meine Geschichte mit den Waffentransporten heute in der ‚Prawda' steht?" Jelemensky nickt. „Wie ist das möglich? Rein zeitmäßig? Nicht, daß ich was dagegen hätte, aber ein Abdruck geht sich doch rein zeitmäßig gar nicht aus, wo wir die Geschichte auch erst heute im Blatt haben?"

Jelemensky kühl: „Im Blatt. Was heißt das? Du hast die Geschichte gestern früh geliefert, und ich habe sie natürlich sofort an die Genossen von der ‚TASS' weitergegeben.

Ernstl nachdenklich: „Ach so. Aber, bitte, meinetwegen: nur hättest du mir ein Wort sagen können."

Der Parteisekretär ist ungehalten: „Genossen, bitte, wir haben wirklich andere Sorgen. Wichtig ist, daß wir immer auf dem laufenden sind. Wir dürfen von keiner Entwicklung überrascht werden. Weil, was sich jetzt in Ungarn tut, das kann wie ein Zündfunke überspringen auf den ganzen Ostblock, und in diesem Fall, das liegt auf der Hand, müssen die russischen Genossen was unternehmen, weil sie sich nicht alles gefallen lassen können. Also ist zu befürchten, daß es zu einer direkten Konfrontation zwischen Amerikanern und Russen kommt und dann ..."

Der Chefredakteur legt eine Hand vor seine Augen: „Die Atombombe. Die Amerikaner werden sich nicht scheuen ..."

Der Parteisekretär schüttelt zwar den Kopf, doch es ist ihm anzumerken, daß er sich seiner Sache keineswegs sicher ist: „Man darf denen nur ja nicht das Gefühl geben, daß man sich vor ihnen fürchten könnte."

*

Nicht viel später geht Dora schon wartend vor dem Eingang zum Wiener Akademietheater auf und ab.

Einige späte Besucher hasten noch herbei und gehen ins Innere des Theaters.

Dora schaut noch einmal auf die Uhr, dann sieht sie ein, daß weiteres Warten keinen Sinn hat. Sie geht durch die Eingangstür.

Das Licht im Zuschauerraum ist gerade im Verlöschen, als sich Dora auf ihren Abonnementplatz begibt, wobei sie sich

entschuldigend an schon Sitzenden vorbeizwängt. Dann setzt sie sich. Der Platz neben ihr bleibt frei.
Neben diesem Platz sitzt Helen, die Schwägerin Doras, und neben dieser Karlo. Dora legt Helen ihre Hand auf deren Arm und nickt ihr grüßend zu. Diese erwidert den stummen Gruß. Dora will auf dieselbe Art Karlo begrüßen, doch dieser schaut starr in Richtung Bühne. Dora versucht es noch einmal, doch wieder ohne Erfolg.
Der Vorhang geht auf.

*

Zu dieser Zeit geht auch die Besprechung ihrem Ende zu. Ernstl steht jetzt bei der Tür, deren Klinke er in der Hand hält. Der Chefredakteur gibt ihm noch eine Anweisung: „... bis 11, denk ich, sollten wir am Ball bleiben. In der Nacht wird sich ja nichts tun."
Der Parteisekretär ergänzt: „Meine Privatnummer hast ja. Bitte um sofortige Verständigung – natürlich auch wegen der Situation am Suezkanal. Das hab ma ja komplett verdrängt, daß da unten auch der Bär los ist."
Jelemensky sarkastisch: „Bär paßt da nicht ganz."
Der Chefredakteur in gespielter Verzweiflung: „Es ist wirklich zu deppert, daß wir morgen keine Ausgabe haben. Material für drei Aufmacher, und keine Ausgabe."
Ernstl macht die Tür auf: „Dann geh ich halt auf Horchposten."
Er geht.

*

Ernstl sitzt in seinem Büro und hört Radio Free Europe ab, während im Akademietheater schon die Pause beginnt.
Die Theaterbesucher kommen aus dem Zuschauer- in den Pausenraum, zünden sich Zigaretten an oder stellen sich beim Buffet um ein Getränk an.
Karlo und Helen gehen ans Buffet. Dora ist einige Schritte hinter ihnen und versucht, auf sich aufmerksam zu machen: „Wartets doch auf mich."

Karlo schaut angestrengt in eine andere Richtung.
Helen wendet sich Dora zu. Sie flüstert fast: „Es ist besser, du redest ihn heute nicht an."
Dora verständnislos: „Wieso?"
Helen macht sich wichtig und flüstert: „... wegen Ungarn und – du weißt schon – wegen der ‚Volksstimme' ... heute ..."
Karlo kann sich nicht mehr beherrschen und fährt Dora an: „Daß du es weißt: Ich will mit Menschen wie euch nichts mehr zu tun haben. Die Heimat verraten. Pfui Teufel!"
Dora wird stehengelassen. Nach einer ziemlich langen Schrecksekunde faßt sie einen Entschluß. Sie geht zur Garderobe und läßt sich ihren Mantel geben.

*

Sie begibt sich auf den Weg zur Redaktion, wo Ernstl noch immer beim Radioapparat sitzt. Aus dem Lautsprecher kommt jetzt ungarische Volksmusik. Ernstl dreht am Senderknopf, bis eine englischsprachige Sendung zu hören ist.
In diesem Moment kommt Jelemensky ins Zimmer. Ernstl schaut auf und gibt einen sachlichen Bericht: „Budapest sendet die ganze Zeit nur Musik." – „Kein gutes Zeichen. Und Free Europe?" – „Spricht von bevorstehender russischer Invasion."
Jelemensky nickt nur. Ernstl will etwas ausräumen: „Ein Wort hättest mir schon sagen können, daß du meine Recherche über die Waffenlieferungen gleich nach Moskau weitergibst."
Jelemensky trocken: „Du bekommst eh ein Honorar. Und was willst eigentlich? Hätten wir so etwas verheimlichen sollen? Den Nachweis der Infiltration? Das ändert doch international total die Situation."
Ernstl verschlossen: „Ein Wort hättest sagen können, das ist alles."
Jelemensky zuckt nur mit den Achseln und will gehen. Ernstl läßt es aber nicht damit bewenden: „Weil: irgendwie könnt es sich darauf zuspitzen, daß ich an einem Krieg schuld bin mit meiner Meldung."
Jelemensky hat schon die Tür halb geöffnet, um hinauszuge-

hen. Im Türspalt wird Dora sichtbar. Jelemensky hat sich wieder Ernstl zugewendet: „Tu dir nix an. Entweder es stimmt, dann muß sowieso gehandelt werden, oder es stimmt nicht, dann mußt es mit dir selber ausmachen. Aber es stimmt ja, oder was?"
Ernstl ist aufgebracht: „Du glaubst, ich erfind so was!?" In der Erregung ist Ernstl aufgestanden. Dabei fällt sein Blick auf Dora: „Dora. Komm herein. Der Genosse Jelemensky ..."
Dora kommt herein: „Ich hab's eh gehört. Und ich muß schon sagen ..."
Jelemensky will die Szene beenden: „Wie du heute angezogen bist, Genossin, möcht man dir fast die Hand küssen. Im übrigen muß ich jetzt zum Chef." Zu Ernstl: „Ich habe nie behauptet, du hättest was erfunden." Er geht und macht die Tür hinter sich zu.
Ernstl nimmt Dora den Mantel ab: „Entschuldige! Ich hab dich sitzen lassen."
Dora beschwichtigend: „Hab mir eh gedacht, was los ist. Ich bin nur jetzt in der Pause weggegangen. Es war einfach nicht auszuhalten, diese Kultursociety ..."
Ernstl rückt für sie einen Sessel zurecht: „Setz dich her da."
Dora setzt sich: „Du, was ich da früher gehört hab, war aber nicht ernst gemeint. Oder machst du dir wirklich Gedanken, du könntest an einem Krieg schuld sein?"
Ernstl nach einer kurzen Denkpause: „Nicht wirklich. Aber dieser Jelemensky, ich weiß nicht, der bringt es fertig, daß ich in seiner Gegenwart immer irgendwie aus dem Gleichgewicht komm. Dabei tut er gar nichts Besonderes. Er schaut einen nur dauernd so an, als ob er viel mehr wüßte, als er sagt, und auf diese Art bekommt man gleich ein schlechtes Gewissen oder man wird halt irgendwie unsicher. Verstehst? Und er selber bleibt immer ganz kalt, was auch passiert. Unverletzlich, total ohne Nerven. Ich hab bei dem noch nie auch nur Andeutungen von Gefühlen bemerkt, keine Angst vor etwas, keine Freude über etwas, nur Effizienz, alles zweckgerichtet, parteidienlich. Immer auf Distanz zu den Problemen, immer kühler Kopf, immer über den Dingen stehen, klare Aussagen, die nichts sagen. Wie eine Maschine."

Dora ernst, obwohl sie zynisch formuliert: „Du weißt eh, daß du gerade das Abziehbildl von einem Apparatschik gezeichnet hast."
Ernstl nickt zwar, geht aber nicht darauf ein: „Versteh mich richtig: Solche Leute sind für die Partei wichtig. Aber – wenn ich ehrlich bin – ich begreife sie nicht. Wie man so leben kann, so ohne eigenes Gesicht, so ohne eigene Meinung, so ohne Herz bei der Sache, nur Berechnung und höchstens ein bißchen Sarkasmus."

3. November 1956

Eine Kolonne von Soldaten bewegt sich eine Straße nahe der burgenländischen Grenze entlang. In ihr befindet sich auch Jakob. Sein Gesicht ist verschlossen.

*

In Wien geht Dora zur gleichen Zeit eine Straße entlang. Ihr Gesicht macht deutlich, daß ihre Gedanken sich in der Ferne aufhalten: bei Jakob an der Grenze, die Front zu werden

Der Flüchtlingsstrom setzt ein – Einheiten des Bundesheeres werden im Grenzgebiet zusammengezogen

droht. Sie geht auf ein Geschäft zu, vor dessen Eingang sich eine Schlange von wartenden Hausfrauen gebildet hat. Über dem Portal weist ein Firmenschild darauf hin, daß es sich um einen Greißler handelt. Die Frauen tragen Einkaufskörbe und Taschen, Dora hingegen hat nur eine Milchkanne bei sich. Sie stellt sich in der Schlange hinten an.
Eine Frau kommt gerade aus dem überfüllten Geschäft. Sie sagt lakonisch: „Reis is aus. Öl auch."
Eine der Frauen auf der Straße fragt ängstlich und verzagt: „Mehl?"
Die erste Hausfrau zuckt nur mit den Achseln und geht dann.
Eine weitere Wartende versucht sich selbst zu beruhigen: „Er wird doch für Stammkunden was auf der Seiten haben."
Die Verzagte von vorhin hat böse Ahnungen: „Gschworen hab ich mir, daß mir kein Krieg mehr anfangt, ohne daß ich eine Fassung z' Haus hab. Und jetzt ist wieder dasselbe ..."
Dora, die ganz hinten steht, fragt naiv: „Entschuldigung: Ich brauch nur Milch, vielleicht sind sie so gut ... weil ich ins Büro muß ..."
Eine Resolute blockt den vermeintlichen Versuch Doras, sich vorzuschwindeln, ab: „Man möcht gar nicht glauben, mit was für Tricks die Leut ..."
Dora reserviert: „Entschuldigung vielmals. Es war ja nur eine Frage." Und nach einer kurzen Pause: „Außerdem versteh ich gar nicht, warum diese ganze Einkaufshysterie. Das ist doch die reine Hysterie ..."
Die Resolute: „Sie leben wohl am Mond?"
Eine vierte Hausfrau mischt sich wichtigtuerisch ein: „Die Russen kommen. Wissen S' denn das net?"
Die Verzagte: „In Zurndorf hört man schon die Panzer."
Dora resigniert. Sie wendet sich zum Gehen. Die Resolute ruft hinter ihr drein: „Und das mit dem Suezkanal haben S' wahrscheinlich a verschlafen." Sie macht eine geringschätzige Bewegung in Richtung Dora. Die Verzagte richtet das Wort an die Resolute: „Ägypten is weit weg. Aber Ungarn ... Wenn ma denkt, daß wieder alls von vorn anfangt. Na, nie hätt ich geglaubt, daß wieder alls von vorn anfangt."
Alle machen besorgte Gesichter.
Dora ist schon außer Sichtweite.

*

In einem Wiener Gerichtsgebäude geht Ernstl suchend über einen Gang, bleibt schließlich vor einer Bürotür stehen und klopft an. Da sich niemand meldet, macht er nach einer Weile die Tür einen Spalt auf. Eine Sekretärin, die auf einer Schreibmaschine tippt, schaut mit finsterer Miene auf: „Ja? Was ist denn?"

Ernstl macht die Tür weiter auf: „Entschuldigung. Zum Presserichter Doktor Überreuter."

Die Sekretärin barsch: „Ja. Und was wollen S'?"

Ernstl geht in das Büro: „Zu ihm will ich." Widerwillig wird er von der Sekretärin beim Richter im Nebenzimmer angemeldet.

Dort will ihn etwas später, nachdem Ernstl sein Anliegen vorgebracht hat, der Richter kurz abfertigen, weshalb er ihn auch vor seinem Schreibtisch stehen läßt: „Das sind doch, ich bitt, faule Schmäh, mit denen Sie mir da kommen wollen. Selbstanzeige ..."

Ernstl bemüht sich, dem arroganten Ton des Richters standzuhalten: „Ich muß mich in aller Form gegen den Ausdruck ‚faule Schmäh' aus dem Munde eines Richters verwahren und bestehe auf die Entgegennahme meiner Selbstanzeige."

Der Richter ist nicht aus der Ruhe zu bringen: „Verwahren S' Ihnen nur. Wir haben lang genug gekuscht vor euch Kommunisten. A interressantes Phänomen: auf der einen Seite dieser Fanatismus, und auf der anderen die Untertanenschläue. Kennt man ja zur Genüge, diese Kombination bei einem gewissen Typ Menschen, Verschlagenheit und Geifer ... naja, i bitt: Ich will mich nicht weiter äußern, sonst heißts gleich wieder: nazistisches Gedankengut. Aber die Zeiten haben sich geändert, mein Lieber: Endlich gibt es wieder eine breite Front von Patrioten gegen die zersetzenden Kräfte ..."

Ernstl kann sich nicht länger zurückhalten: „Ich will auf Ihre faschistischen Äußerungen nicht weiter eingehen. Das hat man ja gewußt, daß Österreich seit dem Abzug der sowjetischen Schutzmacht wieder zu einem Freigeheg für die Wiederbetätigung geworden ist ..." Der Presserichter lacht höhnisch auf. „Aber nehmen Sie zur Kenntnis, daß wir noch in

Ernstl Bach beim Presserichter (Georg Trenkwitz)

einem Rechtsstaat leben, und daß es Mittel und Wege gibt, sich sein Recht zu verschaffen."
Jetzt wird auch die Stimme des Richters schneidend: „Mit Lügen in der ‚Volksstimme', was? Mit staatsfeindlichen Lügen. Und wenn sich der Staat zur Wehr setzt, dann kommt so ein Itzig von einem Redakteur daher und nimmt die Schuld auf sich. O nein, mein Lieber: mit mir nicht. Dazu bin ich zu lang in einem russischen Lager gesessen, um auf diese Tour hereinzufallen. Das alles ist nichts anderes als eine Verschwörung ..."
Ernstl hat sein Gleichgewicht wiedergefunden: „Fragt sich nur, von wem gegen wen? Nehmen Sie zur Kenntnis, daß ich glaubwürdige Zeugen für die Waffenlieferungen nach Ungarn zur Verfügung habe und damit den Wahrheitsbeweis für die inkriminierte Meldung unserer Zeitung antreten werde."
Der Presserichter will die Unterredung beenden. Er wählt einen förmlichen Ton: „Ich nehme alles zur Kenntnis. Aller-

dings nur von der beklagten Partei, und das sind Herausgeber und Verantwortlicher Redakteur der periodischen Druckschrift ‚Volksstimme'. Sind damit alle Unklarheiten beseitigt? Also dann ..."
Der Presserichter beugt sich demonstrativ über ein Schriftstück.

*

Die Einheit Jakobs hat auf einem Feld in der Nähe der Grenze Stellung bezogen. In der Ferne kann man Wachttürme und Stacheldrahtverhaue erkennen – den „Eisernen Vorhang". Anspannung steht in den Gesichtern der größtenteils sehr jungen Soldaten in den Panzerfahrzeugen geschrieben.
Das Geräusch eines näherkommenden Tieffliegers bringt Bewegung in die Truppe. Alle Köpfe drehen sich in die Richtung des Geräusches. Als der Jagdbomber in Grenznähe sichtbar wird, neigen sich einige Soldatenköpfe, als wollten sie Schutz suchen.
Jakob ballt vor Aufregung beide Hände zu Fäusten und krallt die Fingernägel ins Fleisch.
Der Hauptmann droht dem wieder abschwenkenden Flugzeug mit der Faust.

*

Im „Ungarn-Eck" des Café Teddy sitzen fünf Ungarn an einem Tisch und bemerken über einem heftigen Streit nicht, daß Ernstl sich ihrem Tisch genähert hat und ihre Aufmerksamkeit auf sich lenken will.
Einer der Ungarn sagt gerade aufgeregt: („Was heißt: Verbindungsmann? Ein Lump ist er. Die Kasse hat er mitgehen lassen, der Lump!")
Ein anderer weist ihn zurecht: („Was du daherredest! Bist du im Offiziersrat? Und wir haben beschlossen, die Vereinskasse als Unterstützungsfonds ...")
Ein Dritter mischt sich ein: („Vereinskasse?! Unser Geld! Wie könnt ihr beschließen?")
Einer von ihnen wird nun auf Ernstl aufmerksam. Er stößt die

neben ihm Sitzenden an, die nun verstummen. Einer herrscht Ernstl an: „Was ist?“
Ernstl antwortet ungarisch: („Ich suche Herrn Kelemen.“)
Der Ungar, der ihn angesprochen hat, zuckt mit den Achseln: („Ewig nicht gesehen.“)
Einer in der Runde lacht bitter: („Gibt immer mehr, die man nicht sieht.“)
Ernstl nickt dankend und geht.

*

Eder läßt sich vom Portier des Innenministeriums den Weg zum Chef der Staatspolizei zeigen. Bei dessen Büro angelangt, klopft Eder an und wird gleich darauf von dem Ministerialrat freundlich empfangen. Nach einer kurzen Begrüßung wird Eder aufgefordert, auf einem Lehnsessel Platz zu nehmen: „Ich dank Ihnen, Herr Doktor Eder, daß Sie zu mir gekommen sind.“
Eder setzt sich: „Ist doch selbstverständlich, Herr Ministerialrat.“
Der Ministerialrat setzt sich auch: „Das ist irgendwie das Schöne an diesen kritischen Tagen, daß man das Gefühl hat, plötzlich sind alle nur mehr Österreicher, und nicht Sozi und Schwarze und Gewerkschafter und Unternehmer und so weiter und so weiter ... Aber das is schon das einzige Schöne an diesen Tagen.“ – Eder nickt. – „Und so komm ich gleich in medias res, weil ich denk, Sie werden auch im Druck sein, und so will ich Sie gar nicht lang mit höflichen Vorreden aufhalten: Zwei Anliegen hab ich: Erstens – ich sag's ungeniert – Sie haben doch mit Ihrem Auslandsreferat die Betreuung von Flüchtlingen übernommen, wie sie jetzt immer mehr werden – ein Problem für sich, da brauch ich Ihnen nix zu sagen –, und für uns von der Staatspolizei wär's halt besonders wichtig zu wissen, wer da so alles mit dem Flüchtlingsstrom mitschwimmt. Und deshalb, ich sag's, wie gesagt, ganz ungeniert, hätten wir gern ein paar Leute von uns in die von Ihnen betreuten Gruppen eingeschleust, die sich als Gewerkschafter ausgeben würden, weil nur auf diese Art kommen wir zu den Informationen, die wir brauchen, auch über die momen-

tane Lage in Ungarn, die ja ein Chaos zu sein scheint. Radio Budapest sendet praktisch seit Tagen nur mehr Musik, also sozusagen Funkstille von dieser Seite. Und sonst Widersprüchlichstes. Nur eines steht fest: Die Russen haben eine ganze Armee aufgeboten, und Budapest dürfte in ihren Händen sein. Und jetzt ist nur die Frage, ob die Russen uns auch im Visier haben. Ob sie sich sagen: Jetzt gehts gleich in einem Aufwaschen. – Ich red natürlich viel zu viel, aber Ihnen gegenüber ... ich mein. Außerdem: Das, was ich weiß, könnt ich eh alles aus der Zeitung haben, wenn man freilich wegrechnet, was die jetzt so zsammschreiben an Sensationsmache. Da fragt man sich, ob diese Leute denn kein Verantwortungsbewußtsein haben gegenüber ihren Lesern, die sie in eine Panik hetzen – oft schon gewissenlos. Das nennt man dann Pressefreiheit."

Der Ministerialrat verliert vorübergehend den Faden. Außerdem braucht er nach der Suada Zeit zum Luftholen.

Eder nützt die Gelegenheit, um ans Wort zu kommen: „Sie haben Indizien dafür, Herr Ministerialrat, daß die Russen auch in Österreich einmarschieren könnten? Oder ist das nur eine Befürchtung ihrerseits?"

Der Ministerialrat holt wieder zu einer weitschweifigen Erklärung aus: „Ich weiß nur, daß die vom Bundesheer wild entschlossen sind, im Ernstfall zu schießen. Das Heikle an der Situation ist ja, daß die Kämpfe zwischen Ungarn und Russen auf unser Gebiet übergreifen könnten, und daß dann die Russen einen Vorwand haben, bei uns einzumarschieren. Das ist sehr heikel. Ich muß sagen, das macht mir auch echtes Kopfzerbrechen. Ich glaub, die Russen bereuen's schon längst, daß uns den Staatsvertrag geben haben, weil wir doch so eine Art Keil in den Ostblock hineintreiben, und jetzt käm ihnen die Sache mit den Ungarn gerade recht. Wenn wir da nur den geringsten Fehler machen, sind wir geliefert."

Eder nickt zustimmend: „Und zu allem noch diese Katastrophe, daß die Westmächte ausgerechnet jetzt die Kraftprobe am Suezkanal anfangen müssen." Der Ministerialrat seufzt tief.

„Verzeihung, Herr Ministerialrat, wenn ich auf unsere Angelegenheit zurückkomme ..."

Der Ministerialrat entschuldigt sich durch eine Handbewegung: „Na freilich …"
Und Eder kommt zur Sache: „Sie sagten: zwei Anliegen. Das erste ist von mir aus kein Problem. Und zweitens?"
Der Ministerialrat: „Ja, schaun S', wir führen ja als Staatspolizei einen Mehrfrontenkrieg. Eine ganz gefährliche Front sind natürlich die österreichischen Kommunisten. Und die sitzen ja – da brauchen wir uns gar nichts vormachen – noch überall drinnen. – Zum Beispiel im Gewerkschaftsbund."
Eder: „Nicht in meiner Abteilung."
Der Ministerialrat beeilt sich zu versichern: „Weiß ich. Verstehn S' mich richtig: Das ist kein Mißtrauen gegen irgend jemanden, aber man muß bedenken, daß diese Kommunisten ausgebildete Leute sind, die meisten jedenfalls …"
Eder arglos: „Was heißt ‚ausgebildete Leute'?"
Der Ministerialrat geschäftig: „Zuträger. Da sind wir auch erst kürzlich dahintergekommen, daß die ‚Volksstimme' sozusagen den Kurier für den KGB spielt. Die ‚Volksstimme' ist die einzige westliche Zeitung, die im ganzen Ostblock vertrieben wird, und zwar zum Beispiel nach Moskau auf dem Luftweg. Das heißt aber, daß man nur ein verschlüsseltes ‚Volksstimme'-Inserat in Wien aufgeben muß, um schon am nächsten Tag mit jeder beliebigen Nachricht Moskau zu erreichen. Genial, was?"
Eder ist verblüfft: „Und – glauben Sie, daß die Redakteure der ‚Volksstimme' da auch irgendwie mitspielen?"
Ministerialrat: „Kann sein, muß aber nicht. Apropos: Vertrauen gegen Vertrauen. Da gibt es einen ‚Volksstimme'-Redakteur namens Ernst Bach. Und dessen Frau arbeitet, soviel wir wissen, bei der Gewerkschaft, und … Ich wollte Sie fragen, ob Ihnen dieses Ehepaar zufällig bekannt ist?"
Eder wittert die Lunte: „Fragen Sie so zufällig oder weil Sie mich überwacht haben?"
Der Ministerialrat versucht zu bagatellisieren: „Überwacht! Da wird viel zu viel hineingeheimnist. Was halt so herumgeredet wird. Wir haben Sie natürlich nicht überwacht."
Eder trocken: „Was wollen Sie wissen?"
Der Ministerialrat ist auf einmal auch ganz sachlich: „Wie Sie sich erklären, daß dieser Bach in ungarischen Emigranten-

kreisen verkehrt und unter anderem mit einem gewissen Kelemen im Café Teddy ein längeres Gespräch hatte, jenem Sandor Kelemen, der seit einiger Zeit in der SPÖ-Zentrale, aber auch bei Ihnen im ÖGB aus und ein geht?“
Eder ist sprachlos.
Nach einer Verschnaufpause wiederholt er: „Wie ich mir das erkläre? Überhaupt nicht.“

*

Es ist Essenszeit. In der Kantine des Gewerkschaftsbundes ist die Essensausgabe in vollem Gange. Dora hat sich einen Teller mit Fleisch und Beilagen geholt und sucht sich nun einen freien Platz an einem Tisch. Sie entdeckt Eder, der allein an einem Tisch sitzt. Sie geht zu diesem Tisch und redet Eder an: „Servus. Darf ich mich bei dir niederlassen?“
Dora will sich schon setzen, als Eder fast förmlich zu ihr sagt: „Tut mir leid. Ich erwart noch jemanden.“
Dora glaubt, nicht recht zu verstehen: „Drei Personen?“
Eder wiederholt: „Drei Personen.“
Dora geht wortlos weiter und setzt sich an einen anderen Tisch.

*

Es ist Abend. In der Wohnung Bach deckt Dora den Tisch im Wohnzimmer. Ernstl bringt den Tee. Dann holt Dora noch Käse, Wurst und Brot.
Sie setzen sich, um zu essen, doch beiden scheint der Appetit abzugehen. Sie machen einen niedergedrückten Eindruck.
Nach einer Weile sagt Dora: „Ich mach mir wirklich Sorgen. Ich hab mir schon lang nicht mehr solche Sorgen gemacht. Was sagst du?“
Ernstl bleibt wortkarg: „Was meinst denn speziell?“
Dora: „Allgemein. Allgemein. Wenn ich so um mich schau, wird mir schwindlig. Verstehst, was ich mein?“ Ernstl antwortet nicht. „Und speziell gibts natürlich auch einen Grund ...“
Ernstl mit einem Anflug von Sarkasmus: „Jakob.“

Dora hält den Sarkasmus Ernstls für eine Zumutung: „Du findest das lächerlich? Wenn jetzt in Österreich wieder ein Krieg anfangt, gehört Jakob zu den ersten, die ... Ich darf gar nicht dran denken. So gehofft hab ich, daß wir alle keinen Krieg mehr erleben müssen. Aber sie geben ja keine Ruh, bevor nicht wieder geschossen wird."
Ernstl setzt sich auf. Ein Zittern ist in seiner Stimme: „Wer: sie?"
Jetzt will Dora nicht antworten. Ernstl ist aufgebracht: „So sag schon, daß ich dran schuld bin. Daß ich keine Ruh geb. Meinst das? Sag schon! Hätt ich das mit den Waffenlieferungen nicht geschrieben, dann hätten die Russen keinen Grund für ihre Invasion gehabt, und es gäb auch keine Gefahr für Österreich. Das hast doch sagen wollen?"
Dora schüttelt den Kopf: „Du bist verrückt."
Ernstl ist mit seinen aggressiven Selbstvorwürfen noch nicht fertig: „Keine Gefahr für Österreich und keine für deinen Jakob."
Dora entrüstet: „*Meinen* Jakob?!"
Ernstl lenkt ein: „Unseren. Aber haben wir nicht gelernt – und auch danach gehandelt –, daß es Situationen gibt, in denen es um mehr geht als um die eigene Haut?"
Dora ist von der Tonart Ernstls betroffen: „Ich bin gerade so gut im KZ gesessen wie du. Und mir geht es jetzt auch wirklich nicht um meine armselige Haut und nicht einmal um die von Jakob. Mir geht es darum, daß dieses Land endlich einmal zur Ruhe kommt und in Ruhe gelassen wird."
Ernstl lacht höhnisch auf: „Wie darf ich das verstehen?! Dieses Land, dieses Österreich, von dem du erst kürzlich gesagt hast, daß du dich hier nicht mehr zu Hause fühlst?"
Dora läßt den Kopf sinken: „Ich ... ich bin doch nicht wichtig. Jakob muß hier leben. Es ist sein Land."

*

Auf einem offenen Feld in der Nähe der Grenze haben Jakob und ein anderer Soldat Wachdienst. Sie patrouillieren einen Feldweg entlang. Dabei unterhalten sie sich flüsternd. Der Soldat kommt, dem Dialekt nach zu schließen, aus der Wie-

Ein Flüchtlingskind bei der Einheit von Jakob (der zweite Soldat von links, dargestellt von Peter Strauß)

ner Vorstadt: „Ich bin neugierig, wie das Match ausgehen wird.“
Jakob versteht nicht: „Match? Was für ein Match?“
Der Soldat antwortet lässig: „Westen gegen Osten.“
Jakob widerspricht mit einem Anflug von Altklugheit: „Ich glaub, ‚Match‘ ist nicht der richtige Ausdruck, wenn vom Töten und Getötetwerden die Rede ist.“
Der Soldat läßt sich nicht aus dem Konzept bringen: „Aber wennst es genau nimmst, is doch so: Die ganze Welt, besser gsagt: die ganze Menschheit besteht nur mehr aus zwei Mannschaften, und die Trainer bestimmen, wer aufgstellt wird und in welcher Position und nach welcher Taktik gspielt wird, und dann warten alle nur auf den Anpfiff, und wenn's soweit is, rennt a jeder wie a Narr. Und die Trainer nennen das dann Weltpolitik.“
Jakob reagiert eindringlich. Er will überzeugen: „Wir dürfen nicht mehr rennen. Verstehst du mich. Wir dürfen nicht mehr rennen. Das ist das Um und Auf. Wenn wir nicht rennen, dann können sich die Trainer brausen gehen. Und die Welt schaut mit einem Schlag anders aus.“

*

Zu Hause in der Wiener Wohnung haben Dora und Ernstl ihr Nachtmahl zu dieser Zeit schon beendet. Ernstl ist dabei, die Teller auf ein Tablett zu stellen. Dora schaut ihn aus großen Augen an, sie muß gerade eine Nachricht verdauen, die sie von Ernstl erhalten hat: „Entschuldige. Nein, wirklich. Jetzt komm ich mir vor wie ein Scheusal. Aber warum sagst denn nichts?“ Sie steht auf, tritt vor ihn hin und legt zärtlich ihre Arme um seinen Nacken. „Du Armer.“ Sie läßt ihn wieder los. „Ich finde das empörend! Und typisch: Wenn man die Wahrheit schreibt, ist man ein Landesverräter! Seit wann weißt du das?“
Ernstl gibt gefaßt Auskunft: „Heut nachmittag wurde die Anzeige zugestellt: Landesverrat und Aufwiegelung. Ich hab gar nicht gewußt, daß es so was heute noch gibt. Aufwiegelung!“
Doras Gesicht verdüstert sich: „Vielleicht wäre es das beste, wenn du eine Zeitlang untertauchst?“
Ernstl schüttelt den Kopf und lacht bitter: „Das alles hat mit mir gar nichts zu tun.“
Dora weiß nicht, was sie mit Ernstls Aussage anfangen soll: „Was ...?“
Ernstl: „Man hat mir verboten, mich als Urheber der Nachricht zu bekennen.“
Dora ist noch immer nicht viel klüger geworden: „Wer: man? Und wieso?“
Ernstl zuckt die Achseln: „Chefredaktion und ZK. – Wieso, weiß der Himmel.“
In beider Gesichter ist Ratlosigkeit zu lesen.

*

Auf dem grenznahen Feld im Burgenland ist die Stimmung ebenfalls umgeschlagen. Jakob und der Soldat stehen starr und lauschen in die Dunkelheit. Ein anschwellendes Geräusch, das offenbar von näherkommenden Panzern ausgeht, dringt durch die Nacht.
Der Soldat sagt tonlos: „Sie kommen.“
Jakob wiederholt mechanisch: „Jetzt kommen s’.“

Des Soldaten Stimme bebt: „Was geschieht denn jetzt mit uns?“
Schüsse fallen.
Der Soldat schreit auf und wirft sich auf den Boden. Auch Jakob nimmt volle Deckung. Er schaut aber dann gleich wieder auf.
Der Soldat neben ihm beginnt zu schluchzen.
Es ist wieder Stille, nur den Soldaten hört man leise weinen.
Jakob legt sich auf die Seite, zieht den Soldaten zu sich und drückt dessen Kopf an seine Brust.
Aus der Dunkelheit lösen sich die Konturen des näherkommenden Hauptmanns. Dieser schaltet eine Taschenlampe ein und leuchtet auf Jakob und den Soldaten.
Jakob schaut auf.
Der Hauptmann erkennt Jakob: „Sie schon wieder!“

*

In der Wohnung Bach sind Dora und Ernstl einträchtig mit dem Abwaschen und Abtrocknen beschäftigt.
Plötzlich läutet es an der Wohnungstür.
Dora und Ernstl schauen einander erstaunt an. Ernstl legt das Geschirrtuch weg, geht zur Wohnungstür und öffnet sie. Draußen stehen zwei „unauffällig“ gekleidete Herren. Ernstl fragt sie: „Bitte?“
Einer der beiden zeigt eine Dienstmarke: „Grüß Sie. Sind Sie der Doktor Ernst Bach?“
Ernstl nickt.
Dora kommt ins Vorzimmer: „Polizei?“
Ernstl nickt wieder.
Der Staatspolizist sagt ganz beiläufig: „Wenn S' so gut sind, Herr Doktor, und mit uns kämen ...“
Dora entfährt ein Schreckenslaut. Man kann förmlich mitansehen, wie ihr die Erinnerung an ähnliche Szenen in der Nazizeit in die Knochen fährt.
Ernstl hat scheinbar die Ruhe bewahrt: „Bin ich verhaftet? – Darf ich den Haftbefehl sehen?“
Des Staatspolizisten Gesicht hellt sich durch ein anbiederndes Lächeln auf: „Keine Spur, Herr Doktor, keine Spur von

Verhaftung. Ein paar Auskünfte tätn wir von Ihnen brauchen, das ist alles.“
Ernstl nickt.

*

In dieser Nacht wird Dora wieder von schrecklichen Traumbildern verfolgt: SS-Männer führen Ernstl ab, foltern ihn in einem Keller.
Dora schreckt aus dem Schlaf auf. Als sie Ernstl neben sich liegen sieht, beruhigt sie sich wieder.

5. November 1956

Eders VW-Käfer fährt eine burgenländische Straße entlang. Ihm entgegen kommen Lastwagen und Autobusse, alle mit Flüchtlingen beladen, die von den Auffanglagern in Richtung Eisenstadt oder Traiskirchen gebracht werden.
Der VW wird an einer Straßensperre, die von der Gendarmerie errichtet worden ist, angehalten. Ein Gendarm salutiert und schaut zum Autofenster herein: „Sperrgebiet. Keine Durchfahrt."
Eder hat einen Ausweis bereitgehalten und zeigt ihn nun dem Gendarmen: „Ich hab eine Sondererlaubnis."
Der Gendarm kontrolliert das Papier und salutiert dann abermals: „In Ordnung, Herr Doktor. Wünsche gute Fahrt. Wo geht's denn hin?"
Eder: „Budapest."
Der Gendarm pfeift durch die Zähne: „Na, da wünsch ich erst recht gute Fahrt."
Eder dankt durch ein Kopfnicken. Der VW setzt sich wieder in Bewegung.

*

Der Chefredakteur sitzt am späten Vormittag dieses 5. November an seinem Schreibtisch Ernstl gegenüber. Seine Stimme klingt besorgt: „Staatspolizei …? Ich hoffe, du hast dich an deinen Auftrag gehalten und keine Einzelheiten …"
Ernstl in einem für seine Verhältnisse aufsässigen Tonfall: „Ich bin ja ein Musterschüler des ZK. Aber wundern werd ich mich wohl dürfen: Ich könnte den Kelemen als Zeugen angeben und hätt sogar den Schiffsnamen als Beweis, und ihr wollts das alles unter den Teppich kehren?"
Dem Chefredakteur ist das Thema lästig: „Daß du das nicht einsiehst: Wir lassen es nicht zu, daß das alles reduziert wird auf eine Auseinandersetzung Republik Österreich gegen

Ernst Bach. Die müssen es schon mit der kommunistischen Bewegung insgesamt aufnehmen, die Herren vom Ballhausplatz. Und die sind ja auch wieder nur Strohmänner Washingtons und des Kapitalismus überhaupt. Und da willst du als einzelner den Helden spielen?“ Ernstl schaut demonstrativ zum Fenster hinaus. „Drachentöter Siegi Bach. Allein gegen den Rest der Welt.“
Ernstl weiß keine Antwort oder will keine geben.
Es wird an der Tür geklopft. Ohne ein „Herein“ abzuwarten, wird die Tür von außen geöffnet, und Jelemensky tritt ein. Er schaut sich im Zimmer um. Dann sagt er zu Ernstl: „A da bist, Genosse Bach. Du mußt gleich Richtung Traiskirchen und dich dort bei den Flüchtlingen umschaun. Erstens, ob's wirklich so viel sind, wie die Gendarmerie tut, und zweitens, wie die Stimmung bei denen ist.“
Ernstl beißt die Zähne zusammen. Wortlos geht er aus dem Zimmer.

*

Im Befehlsstand von Jakobs Kompanie ist dieser zum Rapport erschienen. Er steht vor dem Hauptmann, schlägt die Hacken zusammen und salutiert: „Wehrmann Bach meldet sich zur Stelle.“
Der Hauptmann blättert in einem Akt, aus dem er dann einen Zettel nimmt und ihn Jakob überreicht: „Da. Sie sind beurlaubt. Urlaubsschein. Vorläufig für eine Woche.“
Jakob nimmt den Urlaubsschein und starrt verständnislos auf das Papier: „Darf ich fragen, Herr Hauptmann, warum?“
Der Hauptmann herrscht ihn an: „Natürlich nicht! – Nehmen Sie Haltung an, Mann!“ Der Hauptmann kontrolliert Jakobs Haltung. Dann beschließt er, mit ihm ein Spiel zu spielen: „Gut, ich will eine Ausnahme machen: Sie dürfen fragen.“
Jakob zwischen schmalen Lippen: „Warum bin ich beurlaubt, Herr Hauptmann?“
Der Hauptmann genüßlich: „Weil Sie ein Kommunistenschwein sind!“
Jakob beherrscht sich nur mühsam: „Dieser Ausdruck, Herr Hauptmann …“

Der Hauptmann tritt ganz nahe an Jakob heran: „Hören Sie zu, Mann: Unterstehen Sie sich zu behaupten, ich hätte jemals Kommunistenschwein zu Ihnen gesagt ...“
Jakob: „Ich bin kein Kommunist!“
Der Hauptmann weist lächelnd auf den Akt, den er in seinen Händen hält: „Ihr Personalakt.“
Jakob tonlos: „Meine Eltern sind Kommunisten. Ich bin kein Kommunist.“
Der Hauptmann beendet das Gespräch: „Wir können keine Spione an der Front brauchen. Ab, Mann!“

*

Im Hof des Flüchtlingslagers Traiskirchen erreicht an diesem 5. November der Zustrom von Ungarn seinen Höhepunkt. Autobusse mit Flüchtlingen kommen an. Die Insassen werden von Gendarmen, Rotkreuz- und freiwilligen Helfern in Empfang genommen und angewiesen, sich in einer Schlange anzustellen.
Beim Aussteigen hebt ein Ungar beide Arme und ruft: „Freiheit!“
Ernstl beobachtet die Szene aus einiger Entfernung. Dann geht er die Menschenschlange entlang.
Ein Teil der Flüchtlinge scheint bedrückt, ein Teil erleichtert zu sein.
Ihr ganzes Elend offenbart sich in den meist armseligen Gepäckstücken, die sie bei sich haben.
Ein älterer Flüchtling lächelt Ernstl, als dieser an ihm vorbeigeht, zu und spricht ihn an: „Wo ist Heuriger?“
Ernstl antwortet auf Ungarisch: („Gleich um die Ecke.“)
Die Umstehenden lachen.
Ernstl betritt dann einen Schlafsaal des Flüchtlingslagers. Sofort ist er umringt von einer Gruppe von Ungarn, nachdem sie bemerkt haben, daß er ihre Sprache spricht: Einer redet auf ihn ein: („Das könnt ihr euch hier gar nicht vorstellen, was das heißt: tausend Panzer! Und wir nur die Fäuste!“)
Ein anderer Ungar mischt sich ein: („Das werde ich nie verstehen, warum die Amerikaner uns nicht geholfen haben. Radio Free Europe – kennst du Radio Free Europe?“) – Ernstl

nickt – („Was die uns versprochen haben! Immer wieder. Und dann – nichts.“)
Ernstl läßt einen Versuchsballon steigen: „(Sie haben Waffen geliefert).“
Allgemeines Hohnlachen.
Einer der Flüchtlinge gestikulierend: („Wir haben mit den Fäusten gekämpft. Und Honved, unsere Soldaten, haben gegen die russischen Panzer gekämpft – mit russischen Waffen, weil fast die ganze Armee ist auf unserer Seite gestanden. Aber nirgends Hilfe aus dem Westen. Was sollen wir allein gegen den ganzen Weltkommunismus ...?“)

*

Am frühen Abend kommt Dora vom Büro nach Hause. Als sie das Wohnzimmer betritt, erschrickt sie, weil Jakob in einem Lehnsessel auf sie wartet. Er hat die Uniform an.
Nachdem Dora sich vom ersten Schrecken erholt hat, geht sie auf Jakob zu und umarmt ihn: „Jakob! Was machst du da? Bin ich froh, daß du da bist.“
Jakob erzählt: „Beurlaubt. Urlaub zur Strafe.“
Dora übergeht diese kryptische Auskunft: „Wieso? – Wurscht, Hauptsache, du bist zu Hause, und dir fehlt nichts. Dir fehlt doch nichts?“
Jakob bitter: „Das einzige, was mir fehlt, ist der Humor, dieses Scheißheer und diesen Scheißstaat noch länger zu ertragen.“
Dora schaut ihn verständnislos an: „Jetzt setz dich einmal da her, und dann bekommst gleich eine Eierspeis, und dann erklärst mir alles.“
Während Dora in die Küche geht, fragt Jakob: „Wo ist Vater?“
Dora aus der Küche: „Er hat angerufen, mußte noch auf einen Sprung in die Sektion.“

*

Im Parteilokal sitzen einander Ernstl und Genosse Wachter, ein älterer Mann, bei einem Tisch gegenüber, Wachter mit den Händen auf der Tischplatte aufgestützt, Ernstl scheinbar

Ein alter Genosse (Heinrich Strobele) gibt Ernstl Bach (Joachim Bissmeier) sein KPÖ-Parteibuch zurück

vom Tisch zurückweichend. Zwischen ihnen auf dem Tisch liegt ein Parteibuch.
Ernstls Tonfall deutet Erschütterung an: „Vikerl! Genosse Wachter! Das kann nicht dein Ernst sein. Das darf nicht dein Ernst sein."
Wachter schiebt Ernstl sein Mitgliedsbuch hin: „Ist aber mein Ernst. Voller Ernst. Da hast mei Parteibüchl. Bis zum November die Marken ordentlich geklebt."
Ernstls Miene verschließt sich: „Ich nimm's nicht."
Wachter unbeirrt: „Alles geklebt. Aber jetzt is genug. Ich hab die Bilder gsehgn, wie die Panzer die Menschen niederwalzen in Ungarn. Das was der Chruschtschow über den Stalinismus gsagt hat, das war meinetwegen noch eine innerrussische Angelegenheit. Aber das jetzt in Ungarn – nein! Dafür geb ich meinen Namen nicht her. Wozu hätten wir gegen den Völkerkerker unter Habsburg gekämpft, wenn wir jetzt unseren Namen dafür hergeben, daß der Kreml den gleichen Völkerkerker in Europa errichtet. Nein – da hast mei Büchl."
Ernstl scheint jetzt erst den Ernst von Wachters Handlung be-

griffen zu haben: „Vikerl, ich bitte dich, überleg's dir. Du warst immer eine Säule in meinem Gebiet, ohne dich kommt alles ins Wanken. Ich mein das so pathetisch, wie 's klingt. Überleg's dir, weil es war uns doch immer allen klar, dir und mir und allen überzeugten Genossen, daß natürlich Fehler vorkommen und daß gerade in Ungarn viele Fehler von der Parteibürokratie gemacht worden sind. Überall geschehen Fehler, aber im Kommunismus sind sie sozusagen kalkuliert. Das kannst doch schon bei Marx nachlesen – dir brauch ich doch nichts zu sagen –, daß die schwierigste Etappe auf dem Weg zur klassenlosen Gesellschaft die Zeit *nach* der Revolution ist, wo es darum geht, die Revolution zu retten, und daß es dabei ohne die Diktatur der Partei eben nicht geht. Kannst du alles nachlesen, alles kalkuliert. Der Weg zur sozialistischen Utopie ist kein Spaziergang."
Wachters Gesicht bleibt verschlossen, auch wenn Ernstl ihn mit seinen Blicken zu hypnotisieren versucht: „Du: Man kann doch nicht alles, woran man geglaubt hat, beim Sektionsobmann wieder abgeben! Ein Parteibuch kannst zurückgeben, aber doch nicht deine Gesinnung. Du: Das geht nicht so einfach bei unsereinem. Ein Kommunist ist man sein Leben lang. Wenn du heute in Österreich plötzlich sagst, du bist kein Kommunist mehr, weißt, was dann bist? Eine lächerliche Figur. Und da bin ich lieber ein Staatsfeind als eine lächerliche Figur!"
Wachter gelassen: „Und ich bin lieber eine lächerliche Figur, bevor ich meinen Namen dafür hergeb, daß Menschen von Panzern niedergwalzt werden." Wachter wendet sich zum Gehen. „So einfach ist das."
Er geht.

9. November 1956

Der VW Eders wird in der Nähe eines Kaffeehauses geparkt. Eder, unrasiert und mit sonstigen Anzeichen einer durchwachten Nacht in seinem Äußeren, steigt aus und geht auf das Kaffeehaus zu.
Nachdem er durch die Schwingtüre ins Café eingetreten ist, zieht er seinen Mantel aus, schaut sich nach einem Ober um und bestellt, als dieser auf ihn zukommt: „Eine Melange bitte und – sagen wir: eine Buttersemmel, oder zwei. Und telefonieren muß ich."
Der Ober weist in eine Ecke: „Da drüben, bitte höflichst."
Eder geht zur Telefonzelle. Dort wirft er eine Münze ein und wählt. Nach einer Weile beginnt er zu sprechen: „Du bist noch zu Hause, sehr gut, – Eder hier. Könntest du ins Café Werl kommen, Margaretenstraße, weißt eh. – Nein, ich muß dich gleich sprechen. Komm gerade aus Budapest, hab was Wichtiges für dich. – Gut, Servus, einstweilen."

*

In der Wohnung Bach steht Ernstl am Telefon und legt gerade den Hörer hin. Dora und Jakob sitzen noch beim Frühstück. Sie wendet sich zu Ernstl um und fragt: „Wer war's?".
Dieser sagt nur: „Komisch." Dora fragt wieder: „Was?"
Ernstl gibt jetzt scheinbar sachlich Auskunft, aber er kann nicht verbergen, daß er irritiert ist: „Der Manfred Eder war's. Er will mich dringend sprechen. Im Kaffeehaus."
Dora schüttelt den Kopf: „Der ist doch gar nicht in Wien."
Ernstl: „Ist gerade aus Budapest zurück."
Während sich nun Ernstl zum Weggehen fertig macht, ereifert sich Dora: „Der hat aber Glück gehabt, daß er noch herausgekommen ist. Ich hätt's ihm ja nicht gerade vergönnt, aber trotzdem – ich mein: was muß er sich denn wichtigmachen da unten. Im Grunde war es Einmischung, was da pas-

siert ist, aber harmlos, wie er ja überhaupt im Grunde harmlos ist, der Manfred ..."
Ernstl hat schon seinen Mantel an, küßt nun Dora auf die Wange und sagt: „Wir sehen uns wo und wann?"
Dora: „Wie ausgemacht: Im Messepalast bei der Oktoberfeier."
Ernstl hebt in Richtung Jakob grüßend die Hand und fragt auch ihn: „Und dich?"
Jakob mit fester Stimme: „Im Messepalast bei der Oktoberfeier."
Ernstl ist erstaunt und erfreut zugleich: „Oho! – Du bist dir aber darüber im klaren, daß es eine Feier der Kommunisten ist."
Jakob lächelnd: „Bin mir im klaren."
Vater und Sohn tauschen einen Blick des Einverständnisses. Dann verläßt Ernstl rasch die Wohnung.

*

Eder und Ernstl sitzen an einem Kaffeehaustisch. Eder, den Blick in die Tischplatte gebohrt, kaut an einem Kipferl. Schweigend sitzen einander die beiden gegenüber.
Dann bricht Ernstl, nur um etwas zu sagen, das Schweigen: „Wie sind denn eigentlich die Straßen in Ungarn?"
Eder schaut auch jetzt noch nicht auf: „Schlecht."
Nach einem abermaligen kurzen Schweigen fühlt sich Ernstl verpflichtet, weiterzufragen: „Was hast denn überhaupt g'macht in Budapest?"
Eder, weiter einsilbig: „Helfen."
Ernstl jetzt nicht mehr ganz im Konversationston: „Ach so ... Und in wessen Auftrag?"
Jetzt schaut Eder sein Gegenüber voll an. Er fährt Ernstl barsch an: „Glaubst wirklich, ich laß mich von dir ausfratscheln? Einem Scheißkommunisten."
Nach einer Schrecksekunde will Ernstl aufstehen und gehen. Eder hält ihn zurück. Er redet nun in einem gemäßigteren Ton: „Bleib. Ich nehm das zurück. Du bist kein Scheißkommunist."
Ernstl, bevor er sich wieder bequem hinsetzt: „Ich könnt dich

jetzt auch ein Kapitalistenschwein nennen, aber was bringt das? So haben wir doch nie miteinander geredet."
Eder: „Reden. Reden und Handeln – da sind Welten dazwischen. Theorie und Praxis. Die Praxis steckt mir noch in der Gurgel. Es ist wieder einmal soweit, daß ich nicht über Politik reden kann, ohne das Gefühl dabei, ich müßt Blut spucken. Ist noch gar nicht so lang her, da haben wir das beide gehabt, dieses Gefühl, lieber Ernstl."
Ernstl aufgebracht: „Du willst das alles doch jetzt nicht mit der Hitlerzeit vergleichen!"
Eder: „Wo ist der Unterschied? Das Blut hat damals genauso ausgeschaut wie heute. Da hab ich mich jetzt davon überzeugen können."
Ernstl: „Und wer ist schuld am Blutvergießen? So einfach ist das nicht, mein Lieber."
Eder: „Oja, so einfach. Wenn du siehst, wie einer liquidiert wird, dann scheißt du auf historische Analyse, dann hast du eine ohnmächtige Wut im Bauch und schwörst, das darf nie wieder passieren."
Ernstl fühlt sich nicht mehr ganz wohl in seiner Haut: „Gut, ja und?"
Eder schaut Ernstl an, als wollte er dessen wahres Gesicht ergründen: „Was sagt dir der Schiffsname ‚Miriam'?"
Ernstl begreift nicht sofort. Er ist aber hellhörig geworden: „Wie kommst du darauf?"
Eder wiederholt unheimlich ruhig: „Miriam."
Ernstl muß die Frage hinunterschlucken, dann kramt er in seiner Rocktasche und zieht einen Notizblock heraus. Er blättert darin. Sein Blick bleibt auf einer Eintragung haften. Eder greift über den Tisch und nimmt Ernstl den Block aus der Hand. Nachdem er die Eintragung gelesen hat, sagt er fast erleichtert: „Ich hab mir schon gedacht, daß eure Meldung mit diesem Schiff etwas zu tun hat."
Ernstl preßt zwischen den Lippen hervor: „Das Schmuggelschiff. CIA-Waffen."
Eder: „Hast du den Kapitän von diesem Schiff gekannt?"
Ernstl: „Nein. Nicht wirklich."
Eder: „Ich schon. Er ist gestern von KGB-Leuten in seiner Budapester Wohnung ermordet worden."

Ernstl schreit fast auf: „Nein!“ Erst nach einigen Sekunden kann er weiterreden: „Warum erzählst du mir das?“
Eder: „Weil er verraten worden ist.“
Ernstl mit belegter Stimme: „Du, du glaubst doch nicht. Ja, ich wollte den Schiffsnamen bekanntgeben, aber österreichischen Gerichten – doch nicht dem KGB. Du glaubst doch nicht …“
Eder fragt unbeirrt weiter: „Wieso bist du eigentlich so sicher, daß mit diesem Schiff Waffen geschmuggelt worden sind?“
Ernstl: „Weil ein CIA-Mann …“
Eder: „Kelemen?“
Ernstl wiederholt automatisch: „Kelemen.“ Dann erst fährt ihm der Schrecken in die Glieder: „Aber warum weißt du?“
Eder: „Hör zu: Der Kapitän war mein Verbindungsmann. Er hat niemals eine einzige Waffe geschmuggelt, höchstens geistige Waffen: Informationsmaterial. Und Kelemen hat auch mich hineingelegt: Er war in Wirklichkeit ein KGB-Agent. Er ist vor einigen Tagen wieder in Budapest aufgetaucht und hat natürlich alle westlichen Verbindungsleute auffliegen lassen. Und …“
Ernstl schüttelt heftig den Kopf: „Ich habe selbst gesehen, wie die Waffen verpackt wurden …“
Eder wiederholt vielsagend: „Verpackt.“
Ernstl fällt aus allen Wolken: „Verpackt.“
Eder: „Wenn du mich fragst: Man hat dir ein KGB-Theater vorgemacht, um zu einer ‚seriösen‘ Meldung zu kommen …“
Ernstl ist nicht fähig, einen Ton hervorzubringen.

*

Eine Stunde später.
Ernstl steht im Durchgang von der Straße in den Hof des Messepalastes. Im Durchblick sieht man eine Ansammlung von Menschen, die einem Redner zuhören. Den Redner sieht man nicht, und von seiner Ansprache hört man nur Satzfetzen: „… das Gebot der Stunde, Genossen, und zugleich unser Losungswort für die nächste Zeit: noch näher zusammenrükken … die Märchentante Radio Free Europe mit ihren Lügen

Während im Messepalast eine KPÖ-Versammlung stattfindet, demonstrieren vor dem Gebäude Gegner der österreichischen Kommunisten

über den 20. Parteitag ist plötzlich verstummt ... wir müssen uns noch auf viele weiße Revolutionen gefaßt machen, weil die Reaktion in aller Welt nur auf eine Gelegenheit wartet, den Sieg der Arbeiterklasse zu revidieren, jene historische Wende in der Menschheitsgeschichte ..."

Ernstl geht im Durchgang geistesabwesend auf und ab, weshalb er von der Rede auch nur Teile mitbekommt. Auf dem Vorplatz des Messepalastes hat sich ebenfalls eine Gruppe von Männern eingefunden.

Sie stehen stumm da und scheinen auf das Ende der Versammlung im Hof zu warten. Sie tragen Transparente mit sich, die folgende Aufschriften zeigen:

„KPÖ – Partei der Landesverräter."

„Kommunisten gehören nach Rußland."

„Hammer und Panzer – Rußlandhilfe."

„Rache für Ungarn."

Von draußen kommt Jelemensky in den Durchgang. Als er Ernstl sieht, geht er auf ihn zu und fragt ihn mit leicht bebender Stimme: „Paßt du auf die draußen auf?"

Ernstl schüttelt den Kopf. Jelemensky bemerkt das gar nicht und redet weiter auf ihn ein: „Stell dir vor, ich hab grad mit der Redaktion telefoniert: Es sind Schlägertrupps in Wien unterwegs, die unsere Parteilokale demolieren. Die Polizei kommt überall hin zu spät. Rechtsstaat Österreich ..."
Er eilt weiter.
Ernstl schaut ins Leere. Dann geht er nach draußen.

*

Ernstl vor seinem Parteilokal. Er sperrt die Tür auf. Dann steckt er den Schlüssel wieder ein, geht aber nicht in das Lokal. Wohl aber stößt er die Tür auf, vor der er dann abwartend stehen bleibt.

*

Im Hof des Messepalastes brandet zu diesem Zeitpunkt gerade Applaus auf. In einer Gruppe der Versammelten stehen Dora und Jakob. Dora applaudiert nicht, sondern schaut sich suchend um. Sie entdeckt Jelemensky, der in der Nähe vorbeigeht, eilt zu ihm und fragt: „Genosse Jelemensky, hast du meinen Mann gesehen?"
Jelemenskys knappe Auskunft: „Der dürft zum Parteilokal sein. Faschisten zerstören unsere Parteilokale in ganz Wien."
Dora ist alarmiert. Sie läßt Jelemensky stehen, ruft Jakob zu „Komm! Schnell!" und rennt in Richtung Durchgang.

*

Ernstl ist doch nicht vor der Tür des Parteilokals stehen geblieben. Jetzt geht er innen auf und ab. Sein Blick wandert über die Büromöbel und Regale. In seinem Gesicht steht die Frage: „Wieso ist mir das alles so fremd?"
Als von draußen Stimmen zu hören sind, die das Näherkommen eines Schlägertrupps anzeigen, setzt sich Ernstl in auffallender Gelassenheit auf den Rand seines Schreibtisches und verschränkt seine Arme vor der Brust.
Die ersten Schläger stürzen zur offenen Tür herein, halten

Das Parteilokal, in dem Ernstl Bach seine Obmannfunktion ausgeübt hat, ist von einem Schlägertrupp verwüstet worden

aber inne, nachdem sie Ernstl bemerkt haben. Sie wissen nicht, was sie von Ernstls bedrohlicher Ruhe halten sollen. Einer der Schläger schnauzt ihn dann an: „Na, Genosse – willst an Helden spieln?"
Nach einigen Augenblicken der Spannung im Raum, macht sich fast Heiterkeit breit, als Ernstl mit einem Lächeln auf den Lippen aufsteht und sagt: „Ich? Nie mehr."
Ernstl verläßt ganz langsam das Parteilokal. Draußen geht er auf die andere Straßenseite, während im Parteilokal die Schläger ihr Vernichtungswerk beginnen. Aus einiger Entfernung beobachtet Ernstl, wie Papiere und Möbel aus den Fenstern, deren Scheiben zerschlagen worden sind, auf die Straße geworfen werden.
Die Schlägertruppe braucht nur etwa zehn Minuten für ihr Vernichtungswerk, dann verschwindet sie im Laufschritt. Unmittelbar danach eilen Dora und Jakob auf das Parteilokal zu. Ernstl steht noch immer auf der anderen Straßenseite.

Jakob und Dora sehen sich in dem völlig demolierten Büroraum um. Dora beginnt zu schluchzen. Mit erstickter Stimme ruft sie: „Ernstl!“
Jakob legt seinen Arm um ihre Schultern und führt sie aus dem Lokal. Vor dem Eingang steht jetzt Ernstl. Er macht einen verstörten Eindruck.
Jakob sieht ihn zuerst: „Vater.“
Dora breitet die Arme aus, um einerseits Halt zu geben, ihn aber gleichzeitig auch suchend: „Da bist du ja. Ernstl. Hast du das gesehen: der Faschismus. Er ist wieder da.“
Ernstl steht vor dem Glaskasten mit der affichierten „Volksstimme“. Als Dora auf ihn zugehen und ihn umarmen will, holt er mit der bloßen Faust aus und zerschlägt das Glas des Wandkastens.
Dann reißt er die „Volksstimme“-Seiten vom Anschlagbrett, zerknüllt sie und wirft sie Dora vor die Füße.
Doras Augen sind vor Schreck geweitet.
Jakob macht einen Schritt auf Ernstl zu: „Vater?“
Ernstl läßt den Kopf sinken.
Von seiner durch das Glas zerschnittenen Hand tropft Blut auf das Straßenpflaster.

Der „Original"-Film

Bilder von den historischen Schauplätzen

Rákosi Anfang 1956 bei einer Parteiversammlung. Er „verkauft" gerade den Genossen eine Brotpreiserhöhung als eine gesamtwirtschaftliche Wohltat. Der Unmut in der Arbeiterschaft wächst

Der Volkszorn entlädt sich am 23. Oktober in Budapest zuerst am Symbol sowjetischer Fremdherrschaft, an der Stalinbüste. Sie wird demoliert und der überlebensgroße Kopf durch die Straßen geschleift

Panzer rollen durch die Straßen Budapests. Die ungarischen Soldaten weigern sich jedoch, auf die Demonstranten zu schießen, sie verlassen die Panzer, die von den Aufständischen in Besitz genommen werden

Rechte Seite: Vom Budapester Rundfunkgebäude (oben) aus hatten die AVO-Männer das Feuer auf die Demonstranten eröffnet. – Unten: Verwundete Demonstranten werden von Hilfssanitätern geborgen

MAGYAR RÁDIÓ

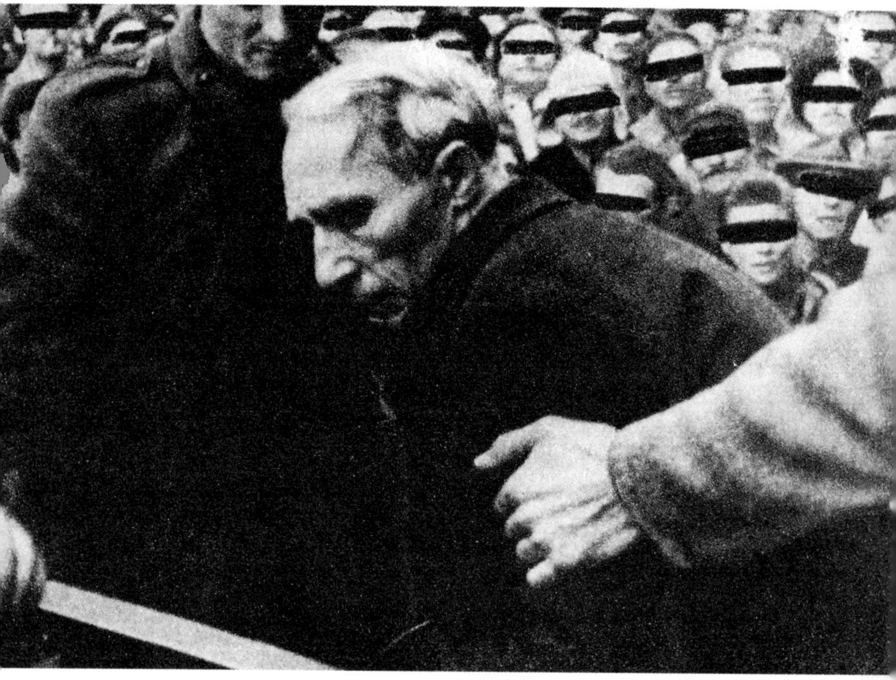

Obwohl die öffentlichen Verkehrsverbindungen nach Budapest nicht mehr funktionieren, funktioniert die Versorgung der Budapester mit Lebensmitteln. Die Bauern der Umgebung bringen ihre Produkte mit Lastkraftwagen in die Stadt

Linke Seite:
Einer der verhaßten AVO-Männer (Sicherheitspolizisten) wird von den siegreichen Aufständischen festgenommen (oben). – In den Straßen Budapests haben die Aufständischen die Kontrolle übernommen

196
KINAI
CIRKUS

Am Abend des 4. November sind die Straßen von Leichen übersät

Linke Seite:
Am 4. November beherrschen wieder sowjetische Truppen und Panzer das Straßenbild von Budapest

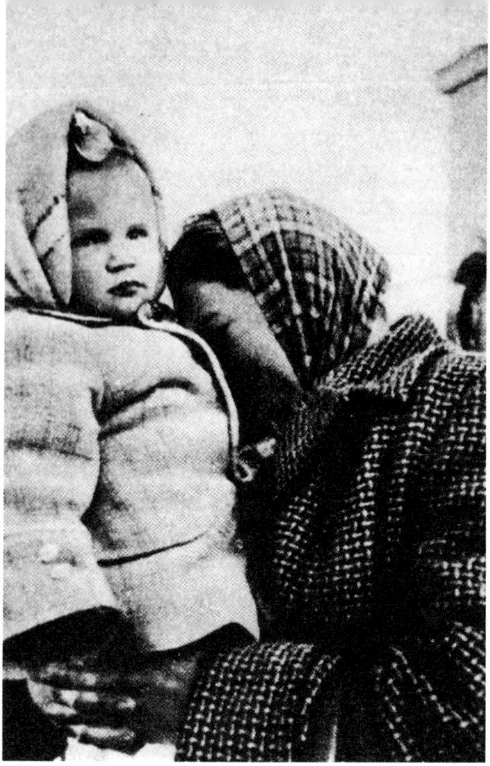

Die „Ernte“ der Sowjet-invasion – Tränen und Verzweiflung bei den Frauen und Müttern der Gefallenen

Rechte Seite: Der Flüchtlingsstrom nach Österreich setzt ein

Wenige Tage lang ist die österreichische Grenze noch durchlässig, dann gibt es nur noch Schleichwege für Hunderttausende Flüchtlinge

Rechte Seite:
Eine Welle der Hilfsbereitschaft erfaßt Österreich. Auch aus dem Ausland treffen Berge von Hilfsgütern für die Flüchtlinge ein

California
Lemons

Der kurze Traum von der offenen Grenze ist ausgeträumt. Die Ungarn errichten den Eisernen Vorhang

Chronik des Ungarn-Aufstandes 1956

1953

5. März: Die Ärzte stellen um 21.50 Uhr Stalins Tod fest.

4. Juli: Imre Nagy, Führungsmitglied der KPU und Befürworter einer liberaleren Politik, wird Premierminister. Er löst damit den Altstalinisten Mátyás Rákosi ab, der sich jedoch noch eine Zeitlang als Zentralsekretär an der Spitze der Partei halten kann.

1955

Anfang April: Das ZK der KPU enthebt Nagy, nachdem dieser bereits im März in einer Resolution der „Rechtsabweichung" beschuldigt worden war, seiner Funktion als ZK-Mitglied, als Premier sowie von seinem Lehrstuhl an der Landwirtschaftsuniversität. Nagy wird aus der Partei ausgeschlossen.

1956

14.–25. Februar: 20. Parteitag der KPdSU. Chruschtschow enthüllt einenTeil von Stalins Verbrechen.

17. Juli: Rákosi wird auf Druck Moskaus von der Spitze der Partei durch seinen Gefolgsmann Ernö Gerö abgelöst.

13. Oktober: Nagy wird wieder in die KPU aufgenommen.

23. Oktober: Mehr als 200000 Menschen demonstrieren in Budapest gegen das stalinistische Regime. Gegen Abend zu eskalieren die Ereignisse. Um 21.30 Uhr wird das Stalinstandbild gestürzt. Erste Kämpfe zwischen der Bevölkerung und der verhaßten politischen Sicherheitspolizei AVO.

24. Oktober: Nagy wird neuerlich Ministerpräsident. Um 2 Uhr morgens greifen die ersten Sowjetpanzer in die Kämpfe ein.

25. Oktober: János Kádár löst Ernö Gerö in der Führung der Partei ab.
26. Oktober: Im ganzen Land finden Kämpfe statt. Arbeiterräte und Revolutionskomitees werden gebildet.
27. Oktober: Nagy bildet eine Regierung aus KP- und nichtkommunistischen Ministern.
28. Oktober: Nagy unterzeichnet einen Waffenstillstand mit den Studenten und verhandelt mit den Räten. Zweite Regierungsbildung Nagys zusammen mit den Parteien der Kleinpächter und den nationalen Bauern.
29. Oktober: Nagy erkennt die Räte an und löst die politische Polizei AVO auf.
30. Oktober: Waffenruhe.
31. Oktober: Die sowjetischen Streitkräfte ziehen sich endgültig aus Budapest zurück.
1. November: Ungarn verkündet die Neutralität. Der Austritt aus dem Warschauer Pakt steht zur Diskussion. Die Räte erkennen die Regierung Nagy an. Kádár tritt aus der Regierung aus.
3. November: Dritte Regierung Nagy gemeinsam mit den Sozialisten und Vertretern der Aufständischen.
4. November: Zweite Intervention der sowjetischen Truppen aufgrund eines „Hilferufs" der Gegenregierung Kádár. Es kommt zu heftigen Kämpfen im ganzen Land.
11. November: Die letzten Kämpfe zwischen der Bevölkerung und der Sowjetarmee gehen zu Ende.
14. November: Die Regierung Kádár erkennt die Arbeiterräte an. Bildung des Arbeiterzentralrates von Budapest. Die Arbeiterräte beschließen die Fortsetzung des Generalstreiks.
22. November: Imre Nagy, der mit zahlreichen Gleichgesinnten in die jugoslawische Botschaft geflüchtet war, wird vom sowjetischen Militär entführt.
23. November: Der Zentralrat der Arbeiterräte hebt nach Verhandlungen mit Kádár den Streikaufruf auf.
26. November: Der Zentralrat fordert die Bildung von Arbeitermilizen und Zeitungen für die Räte.
30. November: Kádár lehnt diese Forderungen ab.
4. Dezember: Kádár löst die revolutionären Komitees auf.

6. Dezember: Die Massenverhaftungen von Mitgliedern der Arbeiterräte beginnen.

7. Dezember: Der Zentralrat ruft zu einem achtundvierzigstündigen Streik auf.

8. Dezember: Kádár löst den Zentralrat und die örtlichen und regionalen Räte auf.

9. Dezember: Der Revolutionsrat der Intellektuellen wird verboten.

10. und 11. Dezember: Generalstreik in Ungarn. Sandor Racz, Präsident des zentralen Arbeiterrates von Budapest, wird verhaftet.

1957

21. April: Der Schriftstellerverband, einer der heftigsten Streiter für ein nichtstalinistisches Regime, wird aufgelöst.

Das Produktionsteam des Fernsehfilmes

BUCH: THOMAS PLUCH
REGIE: PETER PATZAK

ERNSTL: Joachim Bissmeier
DORA: Monica Bleibtreu
JAKOB: Peter Strauß
EDER: Fritz Grieb
JELEMENSKY: Erwin Leder
KELEMEN: Andreas Gönczöl
CHEFREDAKTEUR: Klaus Rott
ZENTRALSEKRETÄR:
Bernd Spitzer
MINISTERIALRAT: Hannes Siegl
PRESSERICHTER:
Georg Trenkwitz
KARLO: Wilhelm Seledec
HELENE: Monika Orthofer
KAPITÄN: Zoltán Vér
HAUPTMANN: Peter Parak
WACHTER: Heinrich Strobele
PARTEISEKRETÄR:
Robert Hauer-Riedl
MAMA: Gusti Wolf
OTTO: Peter Josch

ferner:

Martin Schweighofer
Helmut Müller
Harald Irnberger
Bertram Mödlagl
Ronald P. Vaughan
Margit Manhardt
Peter Huemer
Peter Walzer
Walter Holzer
Elisabeth Fez
Inge Altenburger
Christa Dangl
Marika Lichter
Edi Meisel
Peter Schleicher
Stefan Weber
Franz Cenek
Klaus Kelterborn
Angelica Schütz

AUSSTATTUNG
Erich Stemprok

REQUISITEN
Willi Schuh
Brigitte Tritsch
Thomas Schuh

LICHT
Otto Kratochvil

TON
Heinz Bretterbauer
Sascha Ainberger

MISCHUNG
Karl Höfler

MASKE
Alexandra Hutter

GARDEROBE
Ilse Buchelt

KOSTÜME
Heidi Melinc

SKRIPT
Britta Burkert

REGIEASSISTENT
Nicole Schmied
Martina Kreihsl

KAMERAASSISTENT
Andreas Kopf

SCHNITT
Michou Hutter

MUSIK
Peter Ponger

KAMERA
Dietrich Lohmann

AUFNAHMELEITUNG
Alfred Bödecker
Albert Ifkovits
Herbert Hager

PRODUKTIONSLEITUNG
Sigi Borutta

REDAKTION
Werner Swossil
Helga Poche

Eine Gemeinschaftsproduktion von ORF und WDR
hergestellt von
FERNSEHFILMPRODUKTION
DR. HEINZ SCHEIDERBAUER GES.M.B.H.